JEANNE D'ARC
LA PUCELLE

AUGMENTÉ D'UN PORTRAIT DE L'AUTEUR DE 2 CARTES ET 11 ILLUSTRATIONS

André Lesage
Marquis de La Franquerie
Combattant de la Foi catholique
(1901-1992†)

24 août 1939, au cours d'une Extase de Marie-Julie Jahenny – Notre Seigneur et la très Sainte Vierge nous annoncèrent que la deuxième conflagration allait éclater et notre Seigneur parlant de moi, Marquis de La Franquerie ajouta :

> « *Il faut que mon petit serviteur emporte chez lui tous les documents concernant Marie-Julie, afin que les Allemands ne puissent pas s'en saisir.* »

Monsieur de La Franquerie a toujours conservé soigneusement ces documents que le Ciel, lui avait confié. Et c'est en 1958 qu'il a créé une association, qu'il a présidé jusqu'à sa mort en 1992.

En 1939 Monsieur de La Franquerie devint Camérier secret et ami de sa Sainteté le Pape Pie XII, qui était venu rendre visite à Marie-Julie à l'occasion d'un passage en France, et alors qu'il était encore le Cardinal Pacelli, mais également du Bienheureux Pape Jean XXIII et du Pape Paul VI.

Monsieur le Marquis avait rencontré Marie-Julie sur les conseils de Mgr Jouin.

La petite fille du Marquis de La Franquerie, accueille les pèlerins à La Fraudais.

Marquis de la Franquerie

JEANNE D'ARC LA PUCELLE

Apôtre et martyre

de la royauté universelle du Christ

&

du caractère sacré et divin

du roi de France

OUVRAGES DU
MARQUIS DE LA FRANQUERIE

- *La Vierge Marie dans l'histoire de France* avec préface du Cardinal Baudrillart.
  Ouvrage couronné par l'Académie Française – 3ᵉ édition – illustrée.
- *La mission divine de la France* – 5ᵉ édition.
- *Mémoire pour la consécration de la France à saint Michel* préfacé de s. Exc. Mgr de la Villerabel, archevêque d'Aix – 3ᵉ éd.
- *L'infaillibilité pontificale, le syllabus, la condamnation du modernisme & du sillon, la crise actuelle de l'église* – 2ᵉ édition.
- *Le caractère sacré & divin de la royauté en France.*
- *Le sacré-cœur & la France.*
- *Saint Joseph* – illustré.
- *Saint Rémi, thaumaturge & apôtre des francs.*
- *Jeanne d'Arc la pucelle, sa mission royale, spirituelle & temporelle.*
- *Louis XVI, roi & martyr* – 5ᵉ édition.
- *Madame Elisabeth de France* – 3ᵉ édition.
- *Saint Pie X, sauveur de l'église & de la France* – 2ᵉ édition.
- *Charles Maurras, défenseur des vérités éternelles.*
- *La consécration du genre humain par Pie XII et celle de la France par le Maréchal Pétain au cœur immaculé de Marie. Documents et Souvenirs.*
- *Marie-Julie Jahenny : Sa vie — ses révélations* – illustré.

Avertissement

Cette étude qui, à l'origine, n'était qu'une conférence, a été publiée lors du cinquième centenaire du procès de réhabilitation de Jeanne d'Arc. Avec imprimatur du Vicaire général N. Lalague, de l'Archevêché d'Auch en date du 30 Juin 1956. Elle avait pour but d'inciter les Français à méditer la vie de leur héroïne Nationale et à tirer les leçons qui s'en dégagent avec d'autant plus de ferveur et de confiance que le péril couru par la France est plus grave.

Complètement épuisée, l'auteur a cru de son devoir de la compléter et de la rééditer, la situation de l'Église et de la France pouvant paraître, de nos jours, humainement désespérée.

Parler de Jeanne d'Arc est pour tout Français digne de ce nom toujours très émouvant. Pour l'auteur, qui a très spécialement étudié la vie de la Pucelle et la Mission Divine du Roi et de la France, cela est bouleversant parce que Jeanne d'Arc a très véritablement été la Grande Martyre du caractère sacré et divin de la Royauté en France et aussi de la Royauté Universelle du Christ. Double proclamation qu'elle accomplit d'ORDRE DE DIEU. Cette VOLONTÉ DIVINE annonce et prouve que la SALUT DE L'UNE COMME DE L'AUTRE EST UNE CERTITUDE qui se réalisera au cours de la crise ultime, maintenant déclenchée.

Une lettrine d'un manuscrit de la deuxième moitié du XVe siècle enserre cette effigie de Jeanne. La Pucelle, revêtue de l'armure spécialement confectionnée pour elle par Colas de Montbazon, serre dans sa main droite son épée et, dans sa main gauche, la bannière portant sa devise :

I H S — MARIA (Jhésus-Marie.)

On ne peut croire à l'authenticité d'un tel portrait : très stylisé, il représente une jeune femme aux cheveux long alors que Jeanne, ainsi que l'affirment les chroniqueurs de l'époque, avait fait coupé les siens en rond à la hauteur des oreilles, les tempes et le cou rasés « *à l'écuelle* » comme ceux d'un garçon.

Jeanne d'Arc la pucelle

À chaque peuple Dieu assigne une mission : CELLE DE LA FRANCE EST D'ÊTRE LE SOLDAT DE DIEU. Saint-Remy l'affirme à Clovis, lors du baptême du Roi :

> « Apprenez, mon fils, que le royaume de France est prédestiné par Dieu à la défense de l'Église Romaine qui est la seule véritable Église du Christ. »

Il ajoute :

> « Ce royaume sera un jour grand entre tous les royaumes et il embrassera toutes les limites de l'empire Romain ! et il soumettra tous les peuples à son sceptre ! Il durera jusqu'à la fin des temps ! Il sera victorieux et prospère tant qu'il sera fidèle à la Foi Romaine, mais il sera rudement châtié toutes les fois qu'il sera infidèle à sa vocation. »

Cette annonce prophétique éclaire et résume toute l'histoire de France.

Par des miracles qu'Il n'accorde à aucun autre peuple ni à aucune autre Race Royale — pas même au Souverain Pontife — Dieu confirma la vérité des paroles du grand et saint Évêque : le Saint Esprit en Personne — sous la forme de la colombe — apporte à saint Remy le Chrême céleste destiné au sacre de tous les rois de France et leur accorde le pouvoir de guérir miraculeusement les scrofules et écrouelles.

En témoignage de reconnaissance, Clovis dresse alors ce magnifique décret vibrant d'amour et de foi — LA SEULE VÉRITABLE CONSTITUTION DE LA FRANCE et la plus glorieuse assurément :

> « Vive le Christ qui aime les Francs ! Qu'Il garde leur royaume et remplisse leurs chefs des lumières de Sa grâce !
> Qu'Il protège l'armée ! Qu'Il leur accorde des miracles qui attestent leur Foi, leur Joie, la Paix, la Félicité ! Que le Seigneur Jésus-Christ dirige dans le chemin de piété ceux qui gouvernent… »

Dieu ayant ainsi manifesté miraculeusement Sa prédilection pour la France et SA VOLONTÉ FORMELLE QUE SON PEUPLE SOIT GOUVERNÉ PAR LA RACE DE SON CHOIX — PARCE QUE CETTE RACE EST CELLE MÊME DU CHRIST — la France et ses Rois vont remplir leur mission divine.

Clovis brise l'hérésie arienne, puis Charles Martel l'invasion musulmane. Pépin établit le Pouvoir Temporel des Papes afin d'assurer l'indépendance de l'Église, et son fils devient si grand que la grandeur pénètre jusqu'à son nom : Charlemagne, qui établit cette règle d'or des gouvernements, à savoir que :

> « TOUTE LOI DE L'ÉGLISE DEVIENT IMMÉDIATEMENT LOI DE L'ÉTAT. »

À chaque règne, une province vient s'ajouter au domaine Royal : la France grandit. Et plus elle grandit, plus sa puissance s'accroît, plus elle se plaît aussi à proclamer la spéciale protection de Dieu à son endroit et veut manifester avec plus d'éclat son amour pour le Christ et Sa Divine Mère : les Croisades, la Chevalerie, la construction de nos magnifiques cathédrales en sont les témoignages impérissables. Alors cette fusion d'amour du Christ et de Son peuple aboutit au règne de Saint Louis, qui déclarait sa fonction royale « *un sacerdoce* » raison pour laquelle dans son Ordonnance Royale de 1254 (article 18) il prescrit :

> « Nous voulons que soit étroitement gardée et retenue la plénitude de la puissance royale, car un sacerdoce créé des devoirs personnels qui ne se partagent pas. »

Le Pape Grégoire IX écrira au Saint Roi :

> « De même qu'autrefois la tribu de Juda reçut d'En Haut une bénédiction toute spéciale parmi les autres fils du patriarche Jacob, de même le royaume de France est au-dessus de tous les autres peuples, couronné par Dieu Lui-même de prérogatives extraordinaires. La tribu de Juda était la figure anticipée du Royaume de France.

> « *Aussi nous est-il manifeste que Le Rédempteur a choisi le béni royaume de France comme l'exécuteur spécial de Ses divines volontés ; Il le porte suspendu autour de Ses reins, en guise de carquois, Il en tire ordinairement Ses flèches d'élection quand, avec l'arc, de Son bras tout puissant, Il veut défendre la liberté de l'Église et de la Foi, broyer l'impiété et protéger la justice…*
>
> « *Ainsi, Il choisit la France, de préférence à toutes les autres nations de la terre, pour la protection de la foi catholique et pour la défense de la liberté religieuse ; pour ce motif, la France est le royaume de Dieu même, les ennemis de la France sont les ennemis du Christ*[1]. »

Déjà, avant Grégoire IX, un autre Pontife, Saint Grégoire VII, avait déclaré :

> « *Les rois de France sont autant au-dessus des autres monarques que les souverains sont au-dessus des particuliers.* »

Un jour vint pourtant où le Roi et le peuple prédestinés furent infidèles à leur mission : Philippe le Bel entre en lutte contre Boniface VIII au sujet des impôts à percevoir sur le clergé. Il fit brûler la bulle du Pape sur la place publique et saisit les biens ecclésiastiques ; le soufflet d'Anagni ricocha sur le visage de la France et répercuta pendant cent ans :

l'Épée de la France est brisée à Crécy, à Poitiers, et le Traité de Brétigny fait saigner tous les cœurs français. Pourtant la sagesse monte sur le Trône avec Charles V et Du Guesclin arrête la série des désastres. Malheureusement, les conseillers religieux du Roi l'amènent à retenir le Pape à Avignon et concourent ainsi au grand Schisme d'Occident, qui menace l'existence même et l'unité de l'Église.

Dès lors, tous les malheurs s'abattent à la fois sur la France : la peste se répand dans les provinces :

---

1. — Saint Pie X cita cette lettre de Grégoire IX à saint Louis dans son discours du 13 décembre 1908 lors de la béatification de Jeanne d'Arc (Tome V, page 204, 205.)

« En 1407, le duc d'Orléans est assassiné ; en 1413, la commune éclate à Paris ; en 1415, Azincourt renouvelle les désastres de Crécy et de Poitiers, en 1419 la hache de Tanneguy du Chatel ouvre dans le crâne de Jean sans Peur un trou béant par où, comme on l'a dit, l'Anglais devait passer.

« Les Français se divisent en Armagnacs et Bourguignons. Par le Traité de Troyes, en 1420, Isabeau de Bavière livre son pays à l'étranger. En 1422, Henri VI d'Angleterre est proclamé roi sous les voûtes indignées de Saint Denys.

« Et pendant que la France est ainsi déchirée, meurtrie, la folie règne sous le nom de Charles VI.

« Aussi les Anglais se répandent-ils comme un torrent que nul obstacle n'arrête de Calais à Rouen, de Rouen à Paris, de Paris à Orléans [2]. »

Les bandes de pillards, de voleurs, d'assassins mettent le comble aux horreurs de l'invasion et de la guerre civile.

Le trouble est si grand que le Dauphin lui-même, devenu Charles VII, doute de sa propre légitimité et erre de Château en Château, chassé partout par l'étranger ou par ses sujets révoltés, « *si pauvre, disent les chroniques, qu'il n'avait pas quatre écus dans ses coffres. Son chausseur étant venu, il ne put lui payer deux souliers à la fois et songeait, désespéré, à se retirer derrière les montagnes d'Auvergne, d'autres disent en Espagne ou même en Écosse.* »

« *Il y avait grande pitié au Royaume de France* [3]. »

Humainement, c'en était fait de la France ! L'Église elle-même risquait de sombrer dans la tourmente, car, si la France venait à disparaître, au siècle suivant ce serait le Protestantisme qui l'emporterait. Un miracle était donc nécessaire, que réclamaient le Roi et son peuple. Mais il fallait que tout fut humainement désespéré pour qu'apparut plus éclatante et incontestable l'intervention du Ciel…

Jeanne d'Arc, telle fut la réponse divine…

---

2. — S. Exc. Mgr Marty, Évêque de Montauban, *Jeanne d'Arc et le salut de la France*.
3. — *Idem*.

LA FRANCE AU TEMPS DE JEANNE D'ARC

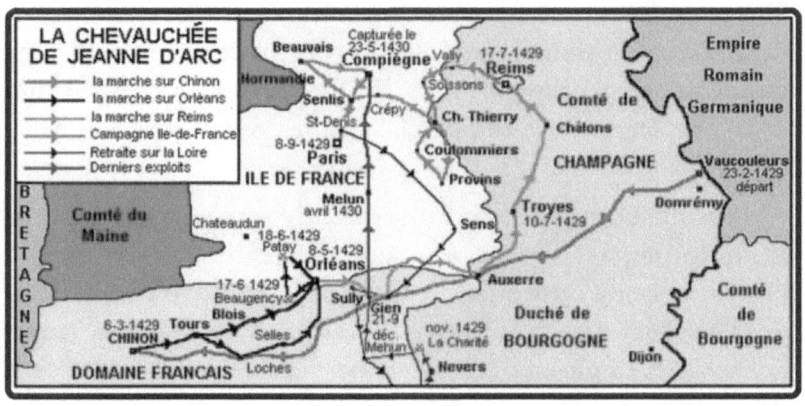

> *« Le 6 Janvier 1412, écrit Monseigneur Debout, les habitants de Domrémy sont rentrés chez eux, après avoir assisté aux offices de la belle fête de l'Épiphanie. Soudain, à chaque foyer, sans qu'aucun motif extérieur ait pu y donner lieu, un souffle d'allégresse pénètre les cœurs ; étonnés, les bons villageois s'interrogent, ouvrent les portes, se mettent sur le seuil de leurs chaumières, examinent le firmament… C'est en vain, rien ne révèle la cause du sentiment de bonheur qu'ils éprouvent. Et voici que des êtres sans raison eux-mêmes partagent cette exubérance, les coqs battent des ailes et pendant deux heures font entendre leurs chants sonores et prolongés…* [4] *»*

Que se passe-t-il donc ? Pourtant tous ont l'âme endeuillée : le lendemain s'annonce plus sombre que la veille ; pourquoi cette joie délirante, subite, inexplicable et générale ? Pourquoi la nature elle-même entre-t-elle en liesse ?… Pourquoi ?

Parce qu'elle est née notre Jeanne d'Arc ! C'est la divine réponse aux supplications que ne cessent de faire rois et peuples de France depuis un siècle.

Et pour bien marquer de Son sceau l'immensité de la grâce qu'il accorde à la France et à la Royauté Salique, en même temps que l'importance capitale, unique, de la mission de la Pucelle, Dieu veut qu'à la naissance de Jeanne — tout comme à celle de Son Divin Fils — la terre tressaille d'allégresse à la venue de sa libératrice. Il veut aussi — pour bien faire ressortir le caractère royal de la mission de Jeanne — qu'elle naisse le jour de la fête des rois, qui est spécialement celle des droits de l'Emmanuel sur les souverains et les peuples, car la vérité signifiée par le mystère de l'Épiphanie est la Royauté Universelle de Notre-Seigneur Jésus-Christ.

Lorsque Dieu prédestine une créature à une grande mission, Il lui donne, avant tout, une âme, un cœur proportionné à l'importance de cette mission. Celle de Jeanne d'Arc est capitale pour l'Église et pour la France : Elle doit rétablir le Roi, sauver la France et l'Église et être le héraut de la Royauté Universelle du Christ.

---

4. — Perceval de Boulainvilliers dans sa lettre à Philippe Visconti, de Milan. Mentionnée par Quicherat, *Procès*, t. V, p. 116. Cité par Mgr Debout.

Dieu lui accorda donc une foi indéfectible et pétrit son cœur d'une exceptionnelle vaillance et d'une indicible bonté. Il embrasa son cœur d'un incommensurable amour, tendre et profond, où il entre de la vénération et de l'extase, d'un incendie d'amour qui la consuma tout entière et la prépara ainsi au bûcher de Rouen : son amour pour le Christ ne peut se comparer qu'à celui des plus grands martyrs : elle aime la France et le roi comme ils n'ont jamais été aimés et ne le seront jamais, car elle les aime à la mesure même du plan divin, à l'immensité même de la mission que Dieu lui assigne. Dans son cœur, Dieu, la France, le Roi sont unis dans un indissociable amour ; trilogie une, trinité une, sans doute d'un rang inférieur à la Trinité Divine, mais qui en découle et la rejoint en Dieu. Admirable et transcendant exemple destiné à éclairer notre route pour maintenir et assurer la pérennité de la Chrétienté et de la France !

Jeanne enfant, le soir à la veillée, « *pâlit et la quenouille lui tombe des mains quand on raconte les récents désastres ; elle souffre de voir la chrétienté déchirée, elle pleure au récit de la passion de la France qui la torture…*

> « *Il y avait longtemps que la France demandait le salut, et le salut ne venait pas. Dieu attendait que fut pleine la coupe de prières et de larmes que tout peuple coupable doit offrir pour sa rédemption. Or un jour il y tomba une larme d'enfant, une goutte de sang de son cœur qui combla la mesure, et, l'enfant qui avait pleuré et prié pour la France fut choisie pour la délivrer*[5]*.* »

L'amour de la Pucelle pour l'Église et pour la France « *restera le type éternel de la Foi et du patriotisme.* »

Cet amour du Christ et de la France joint à sa souffrance transfigurent Jeanne et prédisposent ainsi son cœur à recevoir l'enseignement des messagers célestes que Dieu va envoyer pour la préparer à sa mission transcendante et divine.

> « *À un âge où ce serait une tentation, un besoin, bien plus un devoir du moins communément, de s'ouvrir, Jeanne demeure trois ans sans parler de ses visions et de ses voix à personne. Certains de*

---

5. — Chanoine Coubé, *L'Âme de Jeanne d'Arc : Le Cœur de Jeanne d'Arc*, page 83.

ses silences, au cours du procès, ne sont pas moins extraordinaires : ils proviennent de la même force paisible d'une certitude qui est tout roit de Dieu. Le respect et l'humilité scellent les lèvres de l'enfant : la fidélité fera taire la prochaine martyre...

« *En elle se réalise sans violence la substitution de l'esprit de Dieu au moi humain. Le zèle de sa mission la dévore, bien plus que la flamme de l'action, l'esprit de prière commande toute sa vie, avec les inspirations quotidiennes de ses voix... certaines de ses paroles sont des étincelles qui ne peuvent venir que du foyer intérieur de l'union divine.*

« *Le caractère du Christ est scellé en elle comme dans la matière la plus tendre et la plus ferme en même temps. La Foi, l'Espérance et la Charité, Jeanne en vit tellement qu'elle pourrait personnifier également chacune de ces vertus. L'esprit et le sens du Christ lumineux, généreux et humble rayonne de sa physionomie, émane de ses gestes, résonne dans ses paroles : mais surtout, on sent qu'Il imprègne le fond de son être et la substance de son âme... Car c'est le Christ qui habite et vit dans cette âme... C'est le Christ qui met en elle l'intelligence si claire de ses droits divins...*

Tandis que :

« *Des spirituels emploient leur vie à l'acquérir, Jeanne du premier élan embrasse la volonté divine de manière à ne pouvoir s'en détacher en quoi que ce soit. La voix de Dieu lui a parlé clairement, cette âme d'enfant est possédée de cette conviction qu'il n'y a au monde que cette volonté de Dieu qui compte. L'attirance divine a été si efficace que Jeanne s'y est livrée toute entière et que désormais elle aura le culte de la volonté et de l'honneur de Dieu par dessus tout, c'est la raison unique de ce qu'elle entreprend, de ce qu'elle demande ou commande...* [6] »

« *Je suis venue au roi de France de par la bienheureuse Vierge Marie* », dira-t-elle à ses juges.

De fait, il n'est point de grand événement dans la vie de la Pucelle auquel ne soit mêlée la Reine du Ciel.

---

6. — R. P. Clérissac, *La mission de Sainte Jeanne*, pp. 21, 9, 10, 80, 81 et c'est nous qui soulignons.

Le lieu de délices de Jeanne est un sanctuaire rustique de Marie : Notre Dame de Bermont. Là seulement son cœur est à l'aise, ravi par la contemplation de la Vierge Immaculée à laquelle elle s'empresse de rendre visite chaque fois qu'elle le peut, déposant avec amour à Ses pieds les fleurs qu'elle cueille en gardant ses troupeaux. Chaque samedi, elle y entraîne sa sœur et ses compagnes pour y chanter les louanges de la Reine du ciel et faire brûler des cierges en son honneur. C'est là, sous le regard maternel de Marie, que le premier champion de la Vierge et de la Royauté du Christ, saint Michel, le Prince des Milices célestes, va lui apparaître, peu après sa Première Communion. C'est là qu'il l'inspire, la forme et la prépare à sa Mission ; là qu'il arme son cœur d'invincibles vertus et lui apprend à aimer la France et le Roi comme ils doivent l'être, comme Dieu veut qu'ils le soient ! Là qu'il affirmera solennellement :

« *Je suis Michel, le protecteur de la France.* »

Et elle déclare :

« *Il m'assiste tous les jours sans jamais me faire défaut*[7]. »

« *C'est Saint Michel qui est venu le premier… Je l'ai vu devant mes yeux. Il n'était pas seul, mais accompagné des anges du Ciel. Je les ai vus des yeux de mon corps aussi bien que je vous vois, et quand ils s'éloignaient, je pleurais et j'aurais bien voulu qu'ils m'emportassent avec eux…* »

« *Comme je gardais les animaux, la Voix me dit que Dieu avait grande pitié du peuple de France, qu'il me fallait que je me rendisse en France. En entendant cela, je me mis à pleurer. La Voix reprit :* « *Va à Vaucouleurs, tu y trouveras un capitaine qui te mènera sans encombre en France et au Roi. Ne balance pas… Il faut que tu ailles en France.* » *Et quand la Voix me disait :* « *Va en France !* » *moi je disais :* « *Je suis une pauvre fille qui ne saurait chevaucher et guerroyer.* » »

Très justement le chanoine Coubé écrit :

« *Quand Dieu honore une créature d'une de ces Annonciations extraordinaires, préludes d'une grande vie, ce ne sont pas les richesses et les honneurs qu'Il lui promet. Derrière le voile qu'Il soulève à demi. Il lui montre un autel et un calice.* »

---

7. — *Procès*, tome I, page 129.

On n'est pas le disciple du Christ si on ne le suit pas au Calvaire ! *« Jeanne vit cet autel et ce calice, elle accepta tout »* ; L'amour de Dieu et l'amour de la France lui font vaincre toutes ses répugnances.

> *« Une fois son fiat prononcé, rien au monde ne peut la détourner de son devoir*[8]*. »*

> *« Dieu le commandait, dira-t-elle à ses juges, et quand j'aurais eu cent pères et cent mères, quand j'aurais été fille de Roi, je n'en serais pas moins partie. »*

Et elle ajoute :

> *« J'aimerais mieux mourir que de rien faire que je susse être péché ou contre la Volonté de Dieu ! »*

Pendant cinq ans, Jeanne fut ainsi préparée à sa mission par saint Michel, sainte Catherine et sainte Marguerite. Alors ses Voix s'étant faites plus pressantes, elle demanda à son oncle, Durand Laxart, de la mener au capitaine de Vaucouleurs. Elle savait qu'elle serait repoussée deux fois, mais qu'à la troisième elle partirait.

> *« Quand je fus au Châtel de Vaucouleurs, je connus Robert de Baudricourt que oncques ne vis auparavant. La Voix me dit : « C'est Lui. »*

> *« Messire, je viens de la part de mon Seigneur, afin que vous mandiez au Dauphin de bien se tenir, de ne pas engager de bataille avec ses ennemis, parce que mon Seigneur lui donnera secours après la mi-carême. Le royaume ne regarde pas le Dauphin, mais il regarde mon Seigneur. Cependant mon Seigneur veut que le Dauphin devienne Roi et qu'il tienne le Royaume en commande. Il sera Roi malgré ses ennemis et moi je le conduirai à son sacre. »*

– « Qui est ton Seigneur ? »

– « C'est le Roi du ciel. »

– *« Cette fille déraisonne »*, dit Baudricourt à Durand Laxart, en éclatant de rire. Ce que vous devez faire, c'est de la ramener à son père avec de bons soufflets. »

Quelques temps après, elle revint à la charge :

> *« Capitaine Messire, sachez que Dieu, depuis aucun temps en ça m'a plusieurs fois fait savoir et commandé que j'allasse vers le gentil Dauphin, qui doit être et est vrai roi de France, et qu'il me balliat*

---
8. — Chanoine Coubé, *op. cit.*, page 78.

des gens d'armes et que je lèverai le siège d'Orléans et le mènerai sacrer à Reims. »

Comme Baudricourt refusait encore de l'entendre, Durand Laxart et quelques hommes de Vaucouleurs résolurent de la conduire au Dauphin. Jeanne alla prier alors à Saint Nicolas de Sept-Fons et, sur le conseil de ses Voix, leur déclara :

« *Ce n'est pas chose honnête que je parte ainsi. Retournons à Vaucouleurs.* »

À Jean de Novelompont elle dit :

« *Il faut qu'avant la mi-carême je sois devers le Dauphin, dussè-je laisser mes jambes sur le chemin. Nul au monde, ni rois, ni ducs, ni fille de roi d'Écosse ne peuvent recouvrer le royaume de France. Il n'y a de secours que de moi. Pourtant j'aimerais mieux filer auprès de ma pauvre Mère, car ce n'est point mon état. Mais il faut que je le fasse, parce que mon seigneur le veut.* »

– *Et qui est votre Seigneur ?*

– *C'est Dieu.* »

Il lui bailla sa foi qu'il la conduirait au Roi.

Le 12 février 1429, elle se présenta d'elle-même devant Baudricourt :

« *En nom Dieu, vous tardez trop à m'envoyer. Aujourd'hui le Gentil Dauphin a eu près d'Orléans grand dommage. Et encore sera-t-il taillé de l'avoir bien plus grand si vous ne m'envoyez bientôt vers lui.* »

Impressionné par cette affirmation catégorique, Baudricourt s'informa et apprit qu'en effet le Roi avait subi un gros échec à la bataille du Rouvray, dite Journée des harengs. Il accéda alors à son désir, lui donna une épée, un habit d'homme et une escorte.

Comment fera-t-elle pour arriver jusqu'au Roi et parcourir les cinq cents kilomètres qui l'en séparent. Les bandes de brigands, de pillards, les troupes anglaises jalonnent tout le pays et doivent naturellement la faire prisonnière… Elle a la foi et met ses dévoués compagnons sous la protection de Marie. À ceux-ci elle déclare :

« *En nom Dieu, menez-moi vers le Gentil Dauphin, et ne faites doute que ni vous ni moi n'aurons aucun empêchement. Je ne crains pas les hommes d'armes. Mon chemin est tracé. Si les ennemis* se présentent, moi j'ai mon Seigneur qui saura m'ouvrir la voie pour arriver au Dauphin, car je suis née pour le sauver. N'ayez peur, mes Frères du Paradis et mon Seigneur Dieu m'ont déjà dit depuis quatre ou cinq ans qu'il me fallait guerroyer pour reconquérir le royaume de France. J'agis par commandement. Vous verrez à Chinon comme le Dauphin nous fera bon visage. »

Arrivée à Chinon le 9 ou le 10 mars, son entrée au château fut marquée par un prodige : un homme d'armes demanda, comme elle franchissait le seuil, si c'était la Pucelle. Sur la réponse affirmative, il blasphéma et railla grossièrement la virginité de Jeanne :

« *En nom Dieu*, lui dit-elle, *tu Le renies et tu es si près de la mort !* »

Une heure après cet homme tombait à la rivière et se noyait.

Introduite dans la grande salle, « *Il y avait*, dit-elle, *plus de trois cents chevaliers et de cinquante torches, sans compter la lumière surnaturelle…* »

Elle n'a jamais vu le Roi. Celui-ci, pour l'éprouver, a fait revêtir les ornements royaux à son cousin le comte de Clermont et s'est déguisé en simple chevalier. On présenta donc à Jeanne successivement le Comte de Clermont qu'on lui dit être le roi ; elle dit que ce n'était pas lui ; puis un écuyer : même réponse. Le roi paraît alors ; dès qu'elle l'aperçoit, elle va droit à lui et, comme si elle avait constamment vécu à la cour, lui fait les révérences d'usage ; lui désigne-t-il le prince revêtu des ornements royaux.

« *En nom Dieu, je sais que c'est vous et non un autre qui êtes le Roi !* »

Et elle ajoutera plus tard, devant ses juges :

« *Ma voix me le fit connaître.* »

Puis immédiatement, elle proclame sa mission :

« *J'ai nom Jeanne la Pucelle, et vous mande par moi le roi des cieux que vous serez sacré et couronné dans la ville de Reims et serez lieutenant du roi des cieux qui est roi de France !* »

Remarquez le bien, qu'est-ce que « *tenir le Royaume en commande* » qu'est-ce qu'être « *lieutenant du roi des cieux, qui est roi de France* » sinon affirmer la royauté universelle du Christ. Elle vient sauver la France en lui rendant son Roi légitime : mais en même temps, elle proclame la royauté universelle du Christ et prouve ainsi que les deux royautés sont indissolublement liées.

À Charles VII elle donne une leçon de foi et d'abandon à Dieu :

« Ne doutez pas ! »

Le roi indécis, la fait conduire dans la cour du Coudray et envoie les membres de son conseil pour l'interroger :

« J'ai deux choses en mandat de la part du roi des cieux : Faire lever le siège d'Orléans et mener le dauphin à Reims pour qu'il y soit sacré et couronné. C'est au Dauphin que j'ai à parler ; à lui seul je dirai tout. »

Reçu de nouveau en audience, elle dit au Roi

« Gentil Dauphin, pourquoi ne me croyez-vous pas ? Je vous dis que Dieu a pitié de vous, de votre royaume et de votre peuple, car saint Louis et saint Charlemagne sont à genoux devant Lui, faisant prière pour vous. Et je vous dirai, s'il vous plaît, telle chose qu'elle vous donnera à connaître que vous me devez croire.

« Sire, si je vous dis des choses si secrètes qu'il n'y a que Dieu et vous qui les sachiez, croirez-vous que je suis envoyée par Dieu ?

« Noble Seigneur, Dieu m'a fait commander par la Vierge Marie, Sa Mère… que je laissasse tout là et qu'en diligence, je vinsse vers vous pour vous révéler les moyens par lesquels vous parviendrez à être couronné de la couronne de France et mettrez vos adversaires hors du Royaume. Et m'a commandé, par Notre-Seigneur, que nulle personne autre que vous ne sache ce que j'ai à dire. »

Le roi s'étant tiré à part, Jeanne lui dit, bas pour que les assistants n'entendissent pas :

« Sire, n'avez-vous pas bien mémoire que le jour de la Toussaint dernière, vous, étant en la chapelle du Chatel de Loches, en votre oratoire, tout seul, vous fîtes trois requêtes à Dieu. »

Le roi répondit qu'il s'en souvenait bien.

« Et si je vous dis les trois requêtes que vous dîtes, croirez-vous bien en mes paroles ?

« La première requête que vous fîtes à Dieu fut que si vous n'étiez vrai héritier du Royaume de France, ce fût le bon plaisir de Dieu de vous ôter le courage de travailler à recouvrer ledit Royaume, de vous garder la vie sauve et un refuge en Écosse ou en Espagne.

> « La seconde requête fut que vous priâtes Dieu, si les grandes adversités et tribulations que le pauvre peuple de France souffrait et avait souffert si longtemps procédaient de votre péché et que vous en fussiez cause, que ce fût Son plaisir d'en relever le peuple et que vous seul fussiez puni et portassiez, soit par mort ou telle autre peine qu'il lui plairait.
>
> « La troisième requête fut que si le péché du peuple fût cause des dites adversités ce fut Son plaisir de pardonner au dit peuple et mettre le Royaume hors des tribulations auxquelles il était depuis douze ans et plus. »

Puis, pour bien marquer au Roi que c'est Dieu qui parle par sa bouche, elle le tutoie et élevant la voix, solennellement pour être entendue de tous les seigneurs présents :

> « Je te Le dis de la part de Messire : Tu es Le vrai Héritier de France et Fils du Roi et Il m'envoie pour te conduire à Reims y recevoir Ton Sacre et Ta Couronne. »

Le roi, se tournant alors vers les assistants, leur déclara que Jeanne lui avait révélé des choses secrètes qui n'étaient sues que de Dieu, ce qui lui donnait grande confiance en elle. Et Alain Chartier, dans sa *Chronique* rapporte que Charles VII devint rayonnant en entendant ces paroles :

> « *On eut dit qu'il venait d'être visité par le Saint Esprit.* »

Par cette affirmation fulgurante et divine, Jeanne arrache au Roi tous ses troubles et ses angoisses. Dès lors, Charles VII ne doute plus de la Mission de la Pucelle, non plus que de lui-même et de son droit. Elle lui a rendu la foi.

En effet, qu'est-elle venue affirmer d'ordre de Dieu ?

Que le Roi Charles VII est légitime.

Que la volonté de Dieu est que la loi salique qui règle la succession au trône de France soit toujours respectée.

Que le sacre est nécessaire pour l'accomplissement de la mission du roi de France et de son royaume qui est de faire triompher la royauté du Christ sur le monde.

Elle a proclamé sa Mission et celle du roi et de la France, « *du saint Royaume de France* », aimait-elle à dire, inspirée.

Comme une traînée de poudre, la nouvelle se répand dans tout le Royaume. De la France entière monte alors vers Dieu un hymne éperdu d'amour et de reconnaissance, car elle comprend que Jeanne est la libératrice tant attendue !

Clergé et fidèles multiplient oraisons, prières, processions ; de très nombreuses messes sont dites à l'intention de la Pucelle. Or c'est à ce moment qu'a lieu le grand pardon de Notre Dame du Puy.

> « *Notre Dame était l'espérance des foules qui ne voulaient pas devenir anglaises. Elles attendaient de sa miséricordieuse intervention le miracle qui devait mettre fin à leurs maux et ressusciter la France. Elles se portaient au plus national de ses sanctuaires, à Notre-Dame du Puy. Elles espéraient d'En Haut à la suite du Grand Jubilé qui s'y célèbre toutes les fois que la solennité de l'Incarnation coïncide avec celle de la Rédemption, c'est-à-dire lorsque le 25 mars tombe le Vendredi Saint. Or la coïncidence devait avoir lieu en 1429…*
>
> « *Jeanne alors aux prises avec les docteurs de Poitiers qui lui demandaient les preuves de sa Mission, ne put s'y rendre en personne, mais elle y fut présente par ceux qui la touchaient de plus près.* » *Sa mère, Isabelle Romée, franchit la distance qui sépare les bords de la Meuse du Mont Anis — cent vingt lieues — pour venir se mêler aux foules patriotiques, et recommander à Notre Dame de France la fille si aimée, cette pauvre Jeannette, qui venait de partir avec des hommes d'armes, routant dans sa tête le plus délirant des desseins, s'il n'était pas divin. Pauvre mère ! Comme la prière devait jaillir de son cœur, ardente et embrasée !*
>
> « *Jeanne était présente par les chevaliers qui l'avaient amenée de Lorraine. Ils étaient au jubilé du Puy. Tout porte à croire que la jeune fille les avait priés de l'y représenter, et qu'avant de quitter Vaucouleurs, elle avait adressé la même demande à sa mère qui venait de lui pardonner d'avoir fui, sans la prévenir, le foyer paternel. Ce qui est certain, c'est que Notre Dame du Puy envoya à l'Héroïne celui qui devait recevoir ses confidences intimes durant sa vie guerrière, son confesseur et aumônier Frère Pasquerel*[9]. »

La justice divine étant satisfaite et l'expiation achevée, Marie peut enfin accueillir la prière du Roi et du peuple de France.

---

9. — R. P. Ayroles, SJ., *Jeanne d'Arc sur les autels et la régénération de la France*, pp. 80 et 81.

Malgré la radieuse certitude et les preuves personnelles que la Pucelle avait données au Roi, Charles VII avait le devoir, avant de remettre le commandement de ses armées à une enfant de dix sept ans, de la faire examiner par une commission de théologiens. Il suivit donc le conseil de Jacques Gelu, Archevêque d'Embrun, qui était favorable à Jeanne, et la commission se réunit à Poitiers vers le milieu de mars 1429.

Jeanne logea chez Jean Rabuteau dont la femme déclara :

> « Qu'elle la voyait tous les jours à genoux pendant longtemps, l'après dînée ; qu'elle la voyait aussi à genoux la nuit ; que le jour, elle se retirait très souvent dans un petit oratoire qui était dans la maison, où elle restait très longtemps en prière[10] » .

Citons quelques réponses de Jeanne aux membres de la Commission :

> « Jehanne, lui dit un des examinateurs, Guillaume Aymeri, vous prétendez que c'est plaisir de Dieu que les Anglais s'en aillent en leur pays et vous demandez des gens d'armes. Si cela est, il ne faut pas de gens d'armes, car le seul plaisir de Dieu peut les déconfir et les faire aller en leur pays. »

Elle répondit :

> « En nom Dieu, les gens d'armes batailleront et Dieu donnera la victoire. »

Interrogée pourquoi elle n'appelait Charles VII que le Dauphin, elle fit cette magnifique réponse, qui est une splendide leçon de théologie politique :

> « Je ne lui donnerai le titre de roi qu'après qu'il aura été sacré et couronné à Reims où j'ai mission de le conduire. »

En effet, le pouvoir n'est légitime qu'autant qu'il est conféré par Dieu. Il descend d'En Haut et ne vient pas d'en bas.

Il n'y a de pouvoir légitime que celui qui vient de Dieu. Or, en France, le pouvoir est conféré au Roi par l'onction sainte du sacre. Quelle leçon à méditer par tous ceux qui prétendent légitimer l'insanité du suffrage universel !

Pourquoi Jeanne donne-t-elle au Dauphin l'épithète de *Gentil* ?

---

10. — Témoignage du grand avocat de l'époque, Babin, au procès de réhabilitation.

Ce mot n'avait point alors et surtout pas dans la bouche de Jeanne le sens que nous lui donnons actuellement ; il signifiait *l'homme de la race*, celui qui est de la race royale, le descendant des rois, par conséquent le vrai Dauphin, l'héritier du trône, du mot latin : *gens*.

Comme on lui demandait un signe :

> « En nom Dieu, je ne suis pas venue faire signe ; mais menez-moi à Orléans et je vous montrerai les signes de ce pourquoi je suis envoyée. Le signe que Dieu m'a donné, c'est de faire lever le siège de cette ville et de faire sacrer le roi à Reims. Qu'on me donne le nombre d'hommes qu'on voudra, et je ne doute pas que ainsi ne soit fait.
>
> « Je suis lasse de tant d'interrogatoires. On m'empêche de faire ce pourquoi je suis envoyée ; il est temps, il est urgent de besogner, le moment d'agir est venu. »

La commission de Poitiers fit au roi un rapport entièrement favorable à la Pucelle et conclut :

> « En elle, on ne trouve point de mal, fors que de bien, humilité, virginité, dévotion, honnêteté, simplesse (simplicité) et de sa naissance et de sa vie plusieurs choses merveilleuses sont dites comme vraies.
>
> « Quant à la seconde manière de probation, le Roy lui demanda signe auquel elle répond : Que devant la ville d'Orléans elle le montrera et non en autre lieu, car ainsi lui est ordonné par Dieu.
>
> « Le Roy, attendu la probation faite de la dicte Pucelle en tant que lui est possible et nul mal ne trouve en elle et considérée sa réponse qui est de démontrer signe divin devant Orléans, vu sa constance et sa persévérance en son propos et ses requêtes d'aller à Orléans, pour y montrer signe divin de secours ne la doit point empêcher d'aller à Orléans avec ses gens d'armes, mais la doit faire conduire honnestement, en espérant en Dieu, car ladouter ou délaisser sans apparence de mal serait répugner au Saint Esprit et se rendre indigne de l'aide de Dieu. »

Aucun jugement ne pouvait être plus favorable à la Pucelle. Par ailleurs le Roi était lié avec un des plus grands hommes et éminent théologien de son temps, Jean Gerson, le Chancelier de l'Université de Paris, qui avait toujours été, comme l'Archevêque d'Embrun un des défenseurs les plus fidèles du Roi et du Royaume.

Dans son *Traité sur la Pucelle*, Gerson avait écrit : « *C'est l'œuvre du Seigneur, Lyon, 1429, 14ᵉ jour de Mai* » , et il ajoute une note sur trois principes qui justifient pour la Pucelle le fait de porter un vêtement d'homme. La conclusion de ce dernier document semble même indiquer sa crainte qu'on ne tire pas pleinement parti de l'intervention divine ... Ce qui, hélas, ne s'est que trop réalisé :

> « *Trêve donc et silence aux langues d'iniquité ! Car lorsque la puissance divine opère, elle établit des moyens en harmonie avec la fin, et il devient dangereux, osé et téméraire de bramer et d'incriminer des choses qui ont été instituées par Dieu.*
>
> « *Ah ! Désormais que le parti qui a de son côté la justice, prenne garde de rendre inutile et d'arrêter dans son cours, par incrédulité, ingratitude et autres prévarications, le secours divin dont le commencement s'est manifesté si évident et si merveilleux* [11]. »

Gerson « *rompt ainsi par avance toute solidarité avec l'Université de Paris, cette mère dévoyée, qui va condamner la libératrice.* »

L'autre très grand théologien qui conseillait Charles VII est l'Archevêque d'Embrun, Jacques Gelu, que nous avons cité. Il écrivit plusieurs lettres au Roi ainsi que son admirable *Tractatus de Puella* sur la Pucelle. Il y poursuit un double but : démontrer pour le présent et aussi pour l'avenir que tout dans l'œuvre de la Pucelle vient de Dieu. Il étudie la question à fond ; c'est le Traité entier qu'il faudrait citer, tant il est lumineux ... Après avoir indiqué qu'en tout et pour tout jusque dans les choses qui paraîtraient peu vraisemblables :

> « *Nous voudrions, écrit-il, que le Roi s'y conformât comme à un avertissement inspiré par Dieu pour l'exécution de la mission confiée... Lorsque la sagesse divine veut agir principalement par Elle-même, la prudence humaine doit s'anéantir, s'humilier, ne rien vouloir, ne rien faire qui puisse offenser l'infinie Majesté, voilà pourquoi nous disons que c'est le conseil de la Pucelle qui doit être demandé, cherché principalement et avant celui de tous les autres. Celui qui donne l'être donne tout ce qui en découle, et*

---

11. — Gerson : « *Opus de mirabili victoria cujusdam puellæ postfactes receptas in ducembelli exercitus regis Francorum contra Anglicos.* »

> celui qui confie une mission à accomplir donne tout ce sans quoi elle ne pourrait aboutir... Que devant la divine Majesté, courbe son front et fléchisse les genoux la douce humilité du roi mortel ; et qu'il seconde les dispositions du bon vouloir divin. C'est son devoir[12]. »

En conscience Charles VII pouvait donc confier à une jeune fille de dix sept ans le commandement suprême de ses armées.

Aussitôt, Charles VII forma la maison militaire de Jeanne d'Arc et pourvut à son équipement. D'après les instructions qu'elle reçoit du ciel, on va chercher une épée enterrée derrière le maître-autel de la Vierge à Sainte Catherine de Fierbois.

À Tours, la pucelle fait broder un étendard dont le symbolisme est une affirmation nouvelle et éclatante de la Royauté Universelle du Christ et plus spécialement de Sa Royauté sur la France :

> « Jésus y est représenté sur les nuées du ciel avec les plaies lumineuses. Il tient le globe terrestre dans Sa main gauche. De la droite, il bénit la France que deux anges, saint Michel et saint Gabriel sans doute, lui présentent sous la forme d'un lys. Sur les côtés on lit : Jhésus Maria. Une banderole, qu'une colombe tient en son bec porte ces mots : De par le Roi du Ciel !
>
> « Ah ! Cette bannière, c'est plus qu'un poème, c'est un Évangile national. Jeanne l'aime quarante fois plus que son épée. C'est son arme de prédilection et en même temps son Labarum de victoire. Elle y a représenté ce qu'elle aime le plus au monde : le Christ et la France.
>
> « Le Christ y rayonne avec tous les attributs de Sa Royauté Universelle. Il est le Roi du Ciel : la colombe et la banderole l'affirment. Il est le Roi de la terre : le globe qui est dans sa main en fait foi, mais il est tout particulièrement le Roi de France : le lys et les anges le proclament[13]. »

Quand la Pucelle faisait broder sur son étendard les plaies lumineuses du Christ par conséquent celle de Son Sacré-Cœur, n'annonçait-elle pas, inspirée, le drapeau du Sacré-Cœur demandé à Paray le Monial ? Pour qui sait lire, l'unité du plan divin éclate. ... Comme tout se tient et s'enchaîne dans notre Histoire de France !

---

12. — Cité par le Père Ayroles, *La vraie Jeanne d'Arc*, tome 1, pages 50 à 52.
13. — Chan. Coubé, *L'Âme de Jeanne d'Arc. Jeanne d'Arc et la Royauté de Jésus-Christ*, p. 157.

Jeanne sait que la guerre est l'*Ultima Ratio* d'un peuple en état de légitime défense ; que ce fléau n'est justifié qu'autant que le droit est gravement violé, que dans ce cas seulement la guerre devient non seulement légitime mais sainte et bénie de Dieu ; elle veut donc, avant d'engager la lutte, épuiser tous les moyens de conciliation et de paix. Elle déclare alors :

> « Il faut d'abord que j'écrive aux Anglais et les somme de se retirer : telle est la volonté de Dieu. »

Et elle dicte l'admirable lettre suivante datée du 22 mars 1429 :

> « *Jhésus-Maria !*
>
> « *Roi d'Angleterre et vous, duc de Bedford qui vous dites régent du Royaume de France… Faites raison au Roi du Ciel de* Son *Sang Royal… Rendez au Roi, par la Pucelle qui est envoyée par Dieu le Roi du Ciel, les clés de toutes les bonnes villes que vous avez prises et violées en France.* »

Elle est venue, de par Dieu, réclamer le Sang Royal…

Ainsi, elle proclame hautement que la race des rois de France est celle même de Notre-Seigneur et de la très Sainte Vierge Marie et que seule cette race, divine en un de ses membres, doit régner sur la France, et cela de par la volonté divine.

Elle ajoute :

> « *Elle est toute prête de faire la paix, si vous lui voulez faire raison en quittant la France et payant le dommage que vous lui avez fait !… * »

Quelle leçon de haute et chrétienne sagesse elle donne au monde ! Elle sait, en effet, que le pardon et la charité ne doivent intervenir dans les relations internationales aussi bien qu'entre particuliers qu'une fois la justice pleinement satisfaite et le dommage intégralement réparé…

Enfin, elle achève sa lettre par cette fulgurante déclaration :

> « *Ne vous obstinez pas dans votre opinion, vous ne tiendrez point le royaume de France de Dieu le Roi du Ciel, fils de sainte Marie, mais le tiendra le Roi Charles vray héritier, car Dieu le Roi du Ciel le veut, et lui est révélé par la pucelle… et aux horions verra-t-on qui aura meilleur droit de Dieu du Ciel ou de vous…* »

Une fois de plus elle affirme ainsi solennellement que si le Christ est Roi de l'Univers, Il est très spécialement Roi de France et proclame que Dieu veut que la loi salique de primogéniture mâle — cette loi de succession au trône de France qui a assuré l'unité et la grandeur de la fille aînée de l'Église — soit toujours respectée car elle a pour but essentiel de maintenir sur le trône de France la race élue du Christ

Et pour bien montrer que Dieu pardonnera aux Anglais s'ils accomplissent la volonté divine, elle ajoute :

> « *Si vous lui faites raison, encore pourrez venir en sa compagnie, ou que les Français feront le plus beau faict que oncques fut fait pour la Chrétienté.* »

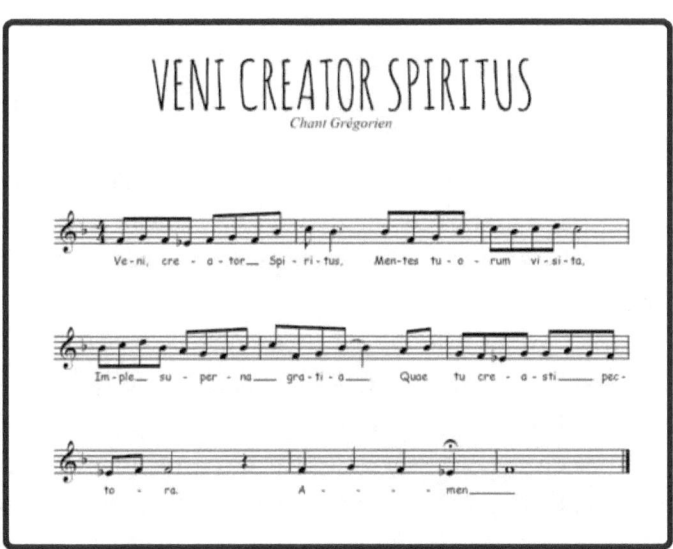

Veni, creator Spiritus,	Viens, Esprit Créateur,
Mentes tuorum visita,	Visite la pensée de tes fidèles,
Imple superna gratia	Emplis de la grâce suprême
Quae tu creasti pectora.	Les cœurs que tu as créés.
Amen	Amen.

Sans réponse des Anglais à sa lettre, Jeanne marche alors sur Orléans, au chant du *Veni Creator*. Elle prescrit aux soldats de se mettre « *en état d'être en la grâce de Dieu ; que s'ils sont en bon état, avec l'aide de Dieu, ils obtiendront la victoire car c'est le péché qui fait perdre les batailles.* »

Et comme Dunois l'avait fait venir par la rive gauche de la Loire, au lieu de la faire attaquer par la rive droite, elle lui dit :

« *En nom Dieu, le conseil de mon Seigneur est meilleur que le vôtre…* »

Les eaux de la Loire étant basses et le vent contraire :

« *N'ayez crainte, dit-elle, attendez un petit instant. En nom Dieu, le vent changera et tout entrera sans que personne y fasse empêchement.* »

La crue vint en effet, la rivière coula à « *plein chantier* » et le vent devint favorable. Le 29 avril 1429, Jeanne faisait son entrée dans la ville à huit heures du soir. Assiégée depuis le 12 octobre précédent, Orléans était sur le point de capituler et sa capitulation aurait entraîné la disparition de la France.

Les 30 avril et le 1er mai, Jeanne fait ses sommations aux assiégeants.

Le 3 mai, Fête de l'invention de la Sainte Croix, elle répond à un docteur de grand mérite qui lui demande si vraiment elle croit que le siège sera levé en raison de la faiblesse des Français et de la force des Anglais :

« *En nom Dieu, oui, je le crois !… Il n'est rien d'impossible à Dieu !* »

Le 4 Mai, elle enlève la bastille Saint-Loup ; le 5, jour de l'Ascension, elle veut que ce jour soit consacré à la prière et ordonne à ses troupes de se confesser avant l'assaut du lendemain ; ce qui est fait. Le 6, l'attaque de la plus forte bastille ennemie, celle des Augustins, est lancée ; les Français sont tout d'abord repoussés, mais Jeanne ramène ses soldats au feu et, plantant son étendard sur le fossé, leur crie :

« *Allons hardiment, en nom Dieu, n'en doutez pas la place est nôtre !* »

De fait elle est prise et livrée aux flammes.

Reste la bastille des Tourelles ou du Pont. Elle apprend qu'en raison du nombre des assiégeants et de la disproportion des forces, les chefs militaires ont tenu conseil et donné ordre que la porte de Bourgogne demeurera fermée jusqu'à l'arrivée du secours du Roi :

> « *Vous avez été à votre conseil*, leur dit-elle ; *J'ai été au mien. Et croyez que le conseil de mon Seigneur s'accomplira et tiendra alors que le vôtre périra.* »

Et se tournant vers son chapelain :

> « *Demain, vous vous lèverez encore plus matin que vous ne l'avez fait aujourd'hui. Vous aurez soin de vous tenir près de moi, car j'aurai à exécuter la plus difficile besogne que j'ai jamais eue. Demain, il sortira du sang de mon corps à la hauteur de ma poitrine.* »

Le lendemain, malgré l'ordre de Gaucourt, elle fait ouvrir la porte fermée et engage le combat. Comme elle l'avait prédit, elle est blessée. Elle arrache elle-même la flèche de la plaie et, après avoir été pansée, elle prie quelques instants et retourne au combat.

Dieu attendait sans doute que le sang très pur de la Vierge guerrière ait coulé pour la France et son Roi. À partir de ce moment, la bataille change de face ... C'est la victoire. Jeanne prend son étendard, s'approche du fossé et dit à Guy de Cailly :

> « *Donnez-vous de garde quand la queue de mon étendard touchera le mur du boulevard.*
> « *Jeanne, il y touche* »
> « *Dedans, enfants, en nom Dieu, ils sont nôtres !* »

L'assaut est donné. Les Français franchissent fossés et murailles comme « *par un miracle de Dieu* » la bastille est prise, les Anglais culbutés. La ville est sauvée. Et comme Orléans délivrée témoigne toute son exaltation et sa reconnaissance à sa libératrice qu'elle accueille triomphalement :

> « *Ce n'est pas moi, qu'il faut remercier*, dit-elle aux habitants, *c'est Dieu !* »

Le 8 mai, fête de Saint Michel, les anglais lèvent le siège. Les jours suivants, la Pucelle met en déroute les armées anglaises et bat leurs plus grands capitaines, Suffolk et Talbot.

Le premier signe de sa mission divine est accompli.

Elle dit au Roi :

> « *Gentil Dauphin, mettez-moi en besogne, car je ne durerai guère une année, pas beaucoup plus.* »

Méditant sur cette miraculeuse victoire, le chanoine Coubé écrit :

> « *Rarement le monde a vu une campagne militaire aussi brillante. Ce qui étonne tout d'abord... C'est la pauvreté ou plutôt la nullité des ressources dont Jeanne dispose. Elle n'a rien où s'appuyer. Autour d'elle le néant : néant des finances qui ont été gaspillées, néant des soldats qui ont perdu toute confiance... Elle parle à ce néant et son verbe en fait éclore l'espérance et jaillir la victoire.*
>
> « *Ce qui étonne ensuite dans cette campagne, c'est la rapidité fulgurante de l'action. Jeanne fond sur les Anglais avec une impétuosité qui ne leur laisse pas le temps de se reconnaître... Sa course effrayante a les allures de la foudre et dessine sur la carte des éclairs de victoire.*
>
> « *Ce qui étonne encore, dans ce raid militaire, c'est la splendeur des points culminants... Sa pureté virginale en impose aux vieux soudards de l'armée qui, en sa présence, n'osent plus risquer de propos légers. Elle chasse les femmes de ses camps et, comme elle affirme que c'est le péché qui fait perdre les batailles, son ascendant est tel que ses hommes se réconcilient avec Dieu et chantent le Veni Creator et des cantiques. Mais les armées qui chantent des cantiques sont aussi celles qui chantent les Te Deum. Quant aux Anglais, ils sont frappés de stupeur et comme cloués sur place.*
>
> « *Ce qui étonne en quatrième lieu, dans cette courte guerre, c'est la grandeur de ses conséquences... La bataille d'Orléans fut une bataille mondiale. Elle a conservé aux Catholiques la prééminence qui allait lui échapper. En vérité on peut se demander si jamais campagne aussi brève eut des répercussions aussi lointaines et aussi grandioses « Ce qui étonne, enfin, dans cette aventure inouïe, c'est l'évidence de l'intervention surnaturelle. Seule une assistance divine toute spéciale peut expliquer cette prodigieuse enfant. Mais une assistance tombant sur un grand cœur*[14] », *sur un cœur vraiment à l'image du Cœur Divin...*

Jeanne d'Arc — il faut le constater — fut très véritablement un chef militaire génial. Que ce soit le Général Canonge, professeur à

---

14. — Chanoine Coubé, *op. cit.*, *Le cœur de Jeanne d'Arc*, pages 86 à 88.

l'École Supérieure de Guerre, les généraux Davoust, Dragomiroff, le lieutenant-colonel de Lancesseur, etc. Tous sont unanimes en admiration devant son génie militaire :

> « *Sa merveilleuse science des arts de la guerre* », et ce, « *en toutes circonstances* » … *son génie irradiait à ce point que les chefs de guerre les plus illustres de son temps, tels Dunois et le duc d'Alençon, s'inclinaient devant elle et lui obéissaient sans difficulté.* »

> « *Il n'y a pas deux mois que Jeanne a pris le commandement et déjà une partie du sol national est libérée.* »

Pourquoi, hélas ! les La Trémoille et les Regnault de Chartres ont-ils arrêté la Pucelle dans sa lutte. En quelques mois le Royaume tout entier eut été libéré !

Le général Canonge écrit :

> « *Au cours de cette brève campagne de la Loire, Jeanne d'Arc fit preuve de qualités militaires éminentes la préparation, puis l'offensive sans répit ; une foi imperturbable dans le succès ; une intelligence rare ; une extraordinaire puissance de travail ; l'exemple entraînant ; l'esprit de suite, secondé par une volonté inébranlable, le succès obtenu, d'en tirer tout le parti possible.* »

Le Colonel de Lancesseur constate avec admiration :

> « *Que ce soit en stratégie, en tactique ou également en politique, elle brilla toujours par ses connaissances, ses inspirations géniales. Oui, elle incarne vraiment le type achevé du chef.*

> « *Certes, avant Jeanne d'Arc et depuis Jeanne d'Arc, de grands capitaines avaient et ont réalisé les mêmes prodiges d'habileté militaire et, comme elle, forcé de la fortune par des traits de génie… Mais tous avaient appris, avant de pratiquer. Tous avaient servi et exercé avant de commander. La plupart appartenaient à des familles de soldats, et l'atavisme se conjuguant avec l'éducation, les avaient préparés à leur rôle.*

> « *Chez Jeanne, rien de pareil* « *Cette gamine de dix sept ans n'avait commandé jusqu'alors qu'à des bestiaux, et, ne sachant ni lire, ni écrire, elle n'avait pu s'initier, même superficiellement aux connaissances militaires. Cependant, elle se révéla brusquement* « *grand chef de guerre.* » *C'est là un fait unique dans l'histoire du monde, un conte de fées serait-on tenté de dire, tant ce phénomène,*

incontestablement démontré, paraît invraisemblable. Telle fut Jeanne d'Arc Chef de Guerre[15]. »

Humainement inexplicable. Mais n'était-elle pas dirigée, inspirée par le Chef de toutes les milices célestes, l'Archange Saint Michel ? Pouvait-elle avoir meilleur instructeur ?...

Jeanne fut aussi grande politique que grand chef de guerre. Avec son coup d'œil inspiré, elle avait vu que le premier objectif — par dessus tous les autres — était le rétablissement de l'autorité du Roi. L'anarchie était à son comble dans le royaume parce que le Roi ne régnait plus. Pour qu'il put régner, il fallait qu'il fut sacré. À partir du sacre, en effet, il devenait l'homme de Dieu et le fils aîné de l'Église, le Chef temporel de la chrétienté. La pucelle comprit qu'alors tous les obstacles s'écrouleraient et que ce serait seulement à partir de ce moment que l'ordre voulu par Dieu serait rétabli. Un projet de campagne en Normandie ayant été proposé, elle a réponse à tout :

> « *Ce n'est pas en Normandie qu'il faut aller*, dit-elle, *c'est à Reims pour faire sacrer le roi ! Voulez-vous savoir la raison de cet avis ? La voici. Aussitôt que Charles VII sera couronné et sacré, la puissance de ses adversaires ira toujours en diminuant, et, finalement, ils ne pourront plus nuire ni à notre prince ni à son royaume*[16]. »

La suite des événements montra qu'elle avait vu juste.

Sur l'ordre formel de Dieu, par un acte officiel, solennel, public, authentique et ainsi revêtu de toutes les formes légales d'un contrat pour lui donner toute sa signification et sa portée aux yeux du monde la Pucelle va renouveler le pacte conclu à Tolbiac et aux fonts baptismaux de Reims, l'alliance du Christ et du roi de France, pacte unique dans les annales du monde.

---

15. — Lieutenant colonel de Lancesseur, *op. cit.*, page 42.
16. — Général Canonge, *Jeanne d'Arc guerrière*, qui cite également page 121, les principaux généraux et officiers français et étrangers qui ont publié des études admiratives sur le génie militaire de Jeanne d'Arc.

> « *Gentil Roi, il me plairait, avant de descendre dans le cercueil, d'avoir votre palais et votre Royaume.*
> « *Oh Jeanne, répond Charles VII, mon palais et mon royaume sont à toi.*
> « *Notaire, écrivez*, dit la Pucelle inspirée : *Le vingt et un juin à quatre heures du soir, l'an de Jésus-Christ 1429, le roi Charles VII donne son royaume à « Jeanne. »*

Ainsi, en vertu de cet acte, Jeanne a été quelques instants seulement sans doute, mais très réellement Reine de France. Et avec un fin sourire, montrant le Roi :

> « *Voilà le plus pauvre chevalier du Royaume.* »

Puis, se tournant à nouveau vers les notaires :

> « *Écrivez encore : Jeanne Donne à son tour la France à Jésus-Christ.*

Puis s'adressant à tous les assistants :

> « *Nos Seigneurs*, dit-elle d'une voix forte : *À présent, c'est Jésus-Christ qui parle : Moi, seigneur éternel, je donne la France au roi Charles.* »

Jeanne interpelle les Seigneurs, la Cour, pour prendre la France et le monde à témoin que c'est Jésus-Christ qui parle par sa bouche et pour consacrer par leur témoignage et leur adhésion ce pacte qui lie non seulement le Christ au roi et le roi au Christ, mais le peuple de France tout entier dans la personne de son roi ; pacte qui constitue la reconnaissance et la proclamation la plus formelle de la royauté universelle du Christ, car en la personne du Roi de France, Fils aîné de l'Église, c'est le monde entier qui est lié au Christ.

Quelle est donc émouvante cette triple donation en bonne et due forme, passée par devant notaires ! Elle est l'éclair fulgurant qui illumine et irradie toute l'Histoire de France ; elle est l'acte capital qui consacre la raison d'être de notre pays. À la face de l'univers, elle proclame non seulement la royauté universelle du Christ sur le monde et plus particulièrement sur notre patrie, mais aussi la mission divine de la France et des Rois de France. Car cet acte a une portée générale ; ce n'est pas seulement à Charles VII que Dieu confie le Royaume, en sa personne, c'est à toute la race royale, pour bien montrer que la race royale est aussi inséparable de la France que la France est inséparable de l'Église et du Christ, comme le monde est inséparable de la France, fille aînée de l'Église et du Christ.

Le Père Ayroles écrit de ce vénérable contrat qui fait du Roi de France le lieutenant du Christ :

> « *Si Charles VII et ses successeurs avaient compris, ils auraient fait enchâsser le merveilleux parchemin dans l'or et dans la soie ; ils l'auraient entouré de pierres précieuses, car ils n'avaient pas dans leur trésor de diamant comparable. Ils l'auraient relu et médité tous les jours. Non seulement ils seraient aujourd'hui sur le Trône, mais l'Univers serait dans les bras de Jésus-Christ et ce serait la France qui l'y aurait placé.* »

Jeanne d'Arc à genoux
Recevant la vision de la bannière.

À Tours, la pucelle fait broder un étendard dont le symbolisme est une affirmation nouvelle et éclatante de la Royauté Universelle du Christ et plus spécialement de Sa Royauté sur la France :

> « Jésus y est représenté sur les nuées du ciel avec les plaies lumineuses. Il tient le globe terrestre dans Sa main gauche. De la droite, il bénit la France que deux anges, saint Michel et saint Gabriel sans doute, lui présentent sous la forme d'un lys. Sur les côtés on lit : *Jhésus Maria*. Une banderole, qu'une colombe tient en son bec porte ces mots : De par le Roi du Ciel ! »

Henryk Siemiradzki, peintre polonais (1843~1902.)

Jeanne d'Arc quittant Vaucouleurs
23 Février 1429

Le 12 février 1429, elle se présenta d'elle-même devant Baudricourt :
« En nom Dieu, vous tardez trop à m'envoyer. Aujourd'hui le Gentil Dauphin a eu près d'Orléans grand dommage. Et encore sera-t-il taillé de l'avoir bien plus grand si vous ne m'envoyez bientôt vers lui. »

Jean-Jacques Scherrer 1887 ; (1855~1916.)

Jeanne d'Arc
Lançant l'assaut, bannière au point

L'assaut est donné. Les Français franchissent fossés et murailles comme « par un miracle de Dieu » la bastille est prise, les Anglais culbutés. La ville est sauvée. Et comme Orléans délivrée témoigne toute son exaltation et sa reconnaissance à sa libératrice qu'elle accueille triomphalement :

« Ce n'est pas moi, qu'il faut remercier, *dit-elle aux habitants*, c'est Dieu ! »

Sacre du roi Charles VII à Reims
17 Juillet 1429

Quand le Prélat consécrateur eut prononcé la formule rituelle :

« *Je te sacre Roi de France, au nom du père, du fils et du Saint Esprit !* », au milieu des cris enthousiastes de tous les assistants : *Noël ! Noël ! Vive le Roi, Noël !* , Jeanne en larmes, larmes de joie et de suprême émotion se jette aux pieds du Roi :

« *Gentil Prince, maintenant est exécuté le plaisir de Dieu qui voulait que vous vinssiez à Reims pour y recevoir votre digne sacre, montrant que vous êtes le vrai roi et celui auquel le royaume doit appartenir !* »

L'alliance étant renouvelée entre le Christ et le Roi de France, dès lors la Pucelle peut faire sacrer le Dauphin ;

> « *C'est à Reims maintenant qu'il me faut vous conduire… Venez donc au plus vite prendre votre noble sacre et la couronne à laquelle vous avez droit. Mon conseil me tourmente on ne peut plus là-dessus.* »

Une fois de plus Jeanne affirme la volonté de Dieu que le Roi soit sacré, et sacré à Reims.

Pourquoi donc Dieu tient-il tant au Sacre ? C'est que le sacre en France est la consécration nécessaire de l'autorité royale. Il n'est pas d'autorité légitime sans le sacre. « *Gentil Dauphin* » disait Jeanne à Charles VII tant qu'il ne fut pas sacré. Par le sacre, Jésus-Christ conférait au roi l'investiture du royaume et lui accordait les grâces d'état, les aptitudes au gouvernement. Un caractère sacré s'imprimait sur toute sa personne. Le peuple chrétien le considérait à juste titre comme l'élu de Dieu. Dieu était la source des droits à la royauté. De son côté, le roi acceptait sa fonction comme une sorte de sacerdoce ; il régnait au nom du Tout Puissant. Un lien religieux se formait entre le roi et son peuple et l'Église consacrait cette union à tel point que quiconque aurait tenté de le rompre se serait rendu coupable d'un sacrilège. Par le sacre la France entière, roi et peuple, faisait hommage d'elle-même à Jésus-Christ. Le sacre constituait la plus éclatante reconnaissance des droits de Dieu sur le monde, de la Royauté Universelle du Christ[17].

Monseigneur Delassus écrit :

> « *En dehors de la race de David, jamais dynastie n'a reçu une pareille consécration.* »

En juriste notre ami, Pierre Virion, montre comment le Roi de France tient, au nom de Dieu, le Royaume « *en commende* » !

> « *Le Royaume de France, en effet, n'appartient pas au roi ; cela est juridiquement vrai. Celui-ci ne le possède pas en propriété. Il a seulement un droit d'accession à la couronne par ordre successif de primogéniture. Le royaume est un bien de Dieu qui en possède le haut domaine, et c'est en conséquence de ce domaine suzerain,*

---

17. — Dom Besse, l'éminent bénédictin, a publié un ouvrage remarquable dont la lecture est à recommander : *Église et Monarchie*.

parce qu'il est le « Droicturier Seigneur », c'est-à-dire celui dont découlent tous les droits, qu'il en concède à Charles la Royauté. Jeanne va même jusqu'à souligner ce caractère de tenure vassatique par l'emploi du terme de « commende » alors courant dans le langage juridique et qui se rapportait au contrat de vassalité, par opposition, notamment au « Franc-Alleu » ou propriété libre.

« Mais la leçon de droit public ne s'arrête pas là. Si le vassal doit être jusqu'à la mort, fidèle à son suzerain, celui-ci, en retour a le devoir d'aider et de protéger son vassal, et c'est pourquoi Jeanne ajoute que le Seigneur enverra secours à Charles. Nous ne pouvons nous empêcher d'admirer ici la fidélité divine à l'alliance des Francs aux premiers jours de notre histoire. Le préambule de la loi salique, le testament de saint Remy, la pieuse vassalité de saint Louis, tout cela revit dans la bouche de la Sainte, démontrant avec précision la particulière royauté du Christ sur la France, non sans replacer celle-ci, chose admirable, dans la lumière de sa royauté universelle par la solennelle déclaration que le Seigneur, dont elle est la messagère, est le Roi du Ciel. »

Et à propos du doute de Charles VII quant à sa légitimité et de la prière que le roi fit au Ciel quant à ce doute, Pierre Virion ajoute :

« Une autre obligation du suzerain envers le vassal était la « légalitas », la loyauté. Mot admirable en vérité, en face de ce légalisme frauduleux déjà à la mode, où l'on invoque en faveur de l'anglais la prétendue force légale du traité de Troyes déshéritant le Dauphin, le bas mensonge de sa filiation adultérine, le serment des États Généraux de 1420, les délibérations de l'Université. Alors, à la stupéfaction de tous, en réponse à la prière du prince, s'exerce dans le miracle, la loyauté, la « Légalitas » du suzerain : « Un seul a droit à la couronne de France et c'est Charles, un seul, et c'est Charles, recevra l'onction de Reims, il sera lieutenant du Christ, qui est roi de France[18]*. »*

Pierre Virion ajoute :

« Acte nettement politique nous montrant la politique inséparable de la religion et où le pouvoir apparaît sans voile, tel qu'il est, prenant sa source en l'autorité divine... La France vient de recevoir la révélation de sa spéciale appartenance au Christ..

---

18. — Pierre Virion, *op. cit.*, pages 6 à 10.

> « *Jamais, prenons-y garde, sauf peut-être dans l'Ancien Testament, jamais n'était descendu du ciel pareil message politique.*
> « *Oui, la royauté est bien le seul régime politique voulu par Dieu en France ! Quelle confirmation du caractère sacré et divin du seul Roi de France !*

Dans son étude sur la Pucelle, le Père Clérissac écrit très justement :

> « *Le sacre toujours présent à la pensée de Jeanne nous révèle l'objet adéquat de sa mission, qui fut de rappeler au monde qu'il y a une politique surnaturelle de Dieu, réellement agissante, dominant la politique des pouvoirs terrestres et un droit chrétien qui applique et maintient la loi essentielle de cette politique, à savoir le salut des peuples par l'Église du Christ…*
> « *À ce point de vue, la gloire de Jeanne est incomparable. Si déjà par le caractère elle éclipse Judith et Esther, je dis que par cette vision du sacre qui est au bout de son regard, elle approche de la grandeur de Moïse, premier promulgateur des droits de Dieu et de l'alliance divine*[19]*, sa gloire de libératrice pâlirait auprès de sa gloire d'ange de la politique divine, si on pouvait séparer l'une de l'autre.* »

D'ordre de Dieu, Jeanne vient rappeler que le sacre, si expressément voulu par Dieu, fait du seul roi de France le Chef politique de la chrétienté parce qu'il est le lieutenant du Christ qui seul est le vrai roi de France, et le Roi du monde.

Et le Père Clérissac poursuit :

> « *Elle ne doutait nullement du droit royal du Dauphin avant de le conduire à Reims, mais elle refusait jusque là de l'appeler Roi, parce que sa foi lui faisait estimer très haut le gage d'agrément divin qu'apporte le Sacre, parce que c'est de ce pacte réciproque entre le roi de France et Jésus-Christ que datait pour elle, non pas la légitimité politique de Charles VII à laquelle il ne manquait rien, mais sa légitimité pour ainsi dire surnaturelle, l'exercice de sa vice-régence pour la terre de France au nom de Jésus-Christ, à ses yeux, c'est le sacre qui faisait du roi, au sens féodal et chrétien, l'homme de Dieu…*

---

19. — Jeanne a même surpassé Moïse car elle n'a jamais douté ni hésité.

> « *L'image de la prérogative royale (du Christ) sera ainsi reproduite de quelque manière par le Sacre dans les souverains chrétiens. Une glorieuse vassalité les lie au Christ Pantocrator, et leur pouvoir devient un des ressorts de son Empire. Ils Lui inféodent leur puissance, mais c'est pour la voir changée en une lieutenance plus auguste que leur droit humain puisqu'ils deviennent coopérateurs du plan surnaturel...*
>
> « *C'est donc bien l'homme de Dieu, l'homme du Christ qui apparaît ou doit apparaître, à partir du sacre, dans le roi. Il est désormais, à sa manière, une image de l'oint divin, un Christ temporel. Et les peuples chrétiens reconnaissent ce reflet du Christ en personne.*
>
> « *On le voit, le roi terrestre est tellement entré, aux yeux du peuple chrétien, dans la lumière du roi divin, qu'il y a presque disparu. C'est l'avènement du seul roi éternel que le peuple acclame dans le sacre... La bienheureuse Jeanne d'Arc a été pénétrée de toute la grande idée du Sacre. Elle a donc été la véritable messagère de la politique divine... Pour elle, le Roi de France n'étant que le feudataire du Roi du Ciel, c'est l'autorité du roi du ciel qui est en jeu et son honneur... dans l'esprit de Jeanne... le fief de la providence divine, le fief de Jésus-Christ c'est la France...* [20] »

Et Jeanne précise que « *le roi de France est le plus noble de tous les chrétiens* » et que « *l'alliance divine avec le roi de France durera mille ans et plus* », c'est-à-dire qu'elle durera toujours...

Ainsi, à chaque Sacre, donc à chaque changement de règne, la France demandait à Dieu, et l'Église ratifiait cette demande, à condition que le Roi qu'elle reconnaissait l'Aîné de tous les princes de la terre et que le peuple restassent fidèles à leur mission privilégiée de protecteurs de l'Église et de la Chrétienté :

- *La bénédiction et le secours divin,*
- *Des héritiers pour la Couronne*[21]*,*
- *Une population toujours plus nombreuse,*
- *La force pour l'armée et la victoire en cas de guerre,*

---

20. — R. P. Clérissac *op. cit.*, pages 35, 24, 50, 53, et 92 et 93.
21. — La naissance de dix rois ou princes de France a été obtenue grâce à la protection miraculeuse de la Très Sainte Vierge. Voir l'appendice IV de notre livre, *La Vierge Marie dans l'histoire de France*, ouvrage couronné par l'Académie Française et préfacé par le Cardinal Baudrillart.

- *La prospérité dans la paix,*
- *La justice, la charité, la concorde entre tous,*
- *L'abondance de tous les biens…*

L'Église, de son côté, demandait à Dieu pour le Roi de France, son fils aîné, sacré je vous le rappelle, avec un baume apporté par le Saint-Esprit Lui-même lors du baptême et du sacre du premier Roi de France pour bien marquer sa primauté et ses privilèges :

- *Qu'il soit le plus puissant des rois…*
- *Qu'il soit honoré plus que les rois des autres nations,*
- *Qu'il règne heureusement sur ses peuples..*
- *Que les nations le comblent de louange et célèbrent toutes sa magnanimité.*

Aussi la protection divine était-elle manifeste et toujours plus abondante sur la France que sur les autres peuples.

On ne connaissait ni la haine entre citoyens, ni la crise de la natalité, ni la dégénérescence de la race, ni la pauvreté, ni la famine. Toutes ces malédictions ne s'abattaient sur la France que si elle venait à s'écarter de sa mission providentielle ; c'était la juste expiation de ses péchés.

Dans tous les domaines, la France l'emportait sur les autres Empires. C'est qu'alors Roi et peuple demandaient leur pain quotidien au Tout-Puissant et vivaient suivant la loi divine. Comme ils cherchaient d'abord le Royaume de Dieu, Dieu leur donnait tout le reste par surcroît…

Ne soyons donc pas surpris qu'un grand théologien, ami de dilection de saint Pie X, Monseigneur Delassus, ait conclu :

> « *La France est née, elle a vécu catholique et monarchique, sa naissance et sa prospérité ont été en raison directe du degré où elle s'est rattachée à son Église et à son Roi. Toutes les fois qu'au contraire ses énergies se sont exercées à l'encontre de ces deux idées directrices, l'organisation nationale a été profondément, dangereusement troublée. D'où cette impérieuse conclusion que la France ne peut cesser d'être catholique et monarchique sans cesser d'être la France*[22]. »

Mais revenons à la Pucelle.

---

22. — Monseigneur Delassus, *L'esprit familial*, page 210.

Contrairement à l'avis des conseillers royaux, elle entraîne Charles VII sur la route de Reims : la vue de son étendard, sur lequel brillent les noms de Jésus et de Marie, suffit pour faire ouvrir les portes des villes qui, sur le parcours du Roi, sont encore aux mains de l'ennemi : Auxerre demande une trêve, Troyes et Chalons font leur soumission.

Reims venait de renouveler son serment de fidélité aux Anglais et était exceptionnellement défendue ; qu'allait-elle faire ? Jeanne déclare au Roi :

« *N'ayez crainte, gentil Dauphin, les bourgeois viendront au devant de vous. Avant que vous soyez sous les murs de la ville, ils feront leur soumission.*

« *Mais s'ils résistaient, réplique le Roi, nous n'avons ni artillerie suffisante, ni machine de guerre à mener le siège.*

« *N'importe, réplique Jeanne, marchez toujours et ne faites doute. Si vous voulez agir hardiment, vous serez bientôt maître de tout le Royaume.* »

De fait, le 16 Juillet au matin, en la fête de Notre-Dame du Mont Carmel, les notables vinrent apporter les clés de la cité au Roi et le soir même, précédés par les habitants venus au devant d'eux, Charles VII et Jeanne entraient solennellement dans la ville du Sacre. Les Dames de Reims passèrent la nuit à préparer les ornements et dès le lendemain, 17 Juillet 1429, le Roi fut sacré.

Quand le Prélat consécrateur eut prononcé la formule rituelle :

« *Je te sacre Roi de France, au nom du père, du fils et du Saint Esprit !* », au milieu des cris enthousiastes de tous les assistants : *Noël ! Noël ! Vive le Roi, Noël !*, Jeanne en larmes, larmes de joie et de suprême émotion se jette aux pieds du Roi :

« *Gentil Prince, maintenant est exécuté le plaisir de Dieu qui voulait que vous vinssiez à Reims pour y recevoir votre digne sacre, montrant que vous êtes le vrai roi et celui auquel le royaume doit appartenir !* »

Très justement, Monseigneur Delassus écrit :

« *En dehors de la race de David, jamais dynastie n'a reçu une pareille consécration.* »

Le jour même, la Pucelle écrit au duc de Bourgogne pour lui demander de se réconcilier avec son roi et de rentrer sous son obéissance :

> « *Vous fais assavoir, de par le Roy du ciel, mon droicturier et souverain Seigneur, pour votre bien et pour votre honneur et sur votre vie, que vous ne gagnerez point de bataille à l'encontre des loyaux français et que tous ceux qui guerroient audit saint royaume de France guerroient contre le Roi Jésus, Roi du ciel et de tout le monde…* »

Affirmation sans cesse réitérée de la Royauté universelle du Christ et de Sa spéciale Royauté sur la France. Quelle grande leçon à en tirer par les Puissances Étrangères, consolante si elles s'inclinent, mais combien terrible si elles se refusent à l'entendre. Ainsi tout ce qui est fait contre la France est donc fait contre Dieu lui-même.

Ce que Jeanne devait accomplir elle-même de sa mission est réalisé : elle a maintenu inviolée la Loi Salique en rétablissant le Roi, reforgé l'âme de la France, replacé le Pays dans les conditions voulues par la Providence pour accomplir la mission divine qui lui est assignée ; elle a sauvé l'Église du péril protestant un siècle à l'avance ; elle a enfin proclamé solennellement la royauté universelle du Christ. Une fois de plus : *gesta Dei per Francos* !

Dès lors, la Pucelle va s'acheminer vers le couronnement de sa mission. Et ce couronnement comme celui de toute grande œuvre chrétienne ne peut être, à l'exemple du Maître, que *le sacrifice, la souffrance et le martyre*.

C'est d'abord l'échec devant Paris, dû à la mauvaise volonté des conseillers de Charles VII. Cette épreuve est cependant l'occasion d'un grand miracle : en septembre 1429, passant à Lagny, Jeanne entre dans l'Église Notre-Dame et y trouve un groupe de jeunes filles en prière devant l'image de la Vierge pour obtenir la résurrection d'un enfant mort sans baptême depuis trois jours. Elle se joint à elles et presqu'immédiatement grâce à l'ardeur de sa supplication l'enfant, dont la décomposition était commencée, reprend couleurs, soupire et baille. On le baptise aussitôt.

L'épreuve continue par la longue inactivité à laquelle l'obligent les tergiversations des ministres du Roi.

Le 16 avril 1430 jour de Pâques, sous les murs de Melun, qui fait sa soumission au roi, ses voix lui disent :

> « *Tu seras prise avant la saint Jean (24 juin) ; il le faut ainsi ; ne t'en tourmente point ; prends tout en gré Dieu t'aidera !* »

Le dimanche 14 mai, en l'église Saint Jacques de Compiègne, pendant l'action de grâces de sa communion, Jeanne pleure abondamment, la tête dans ses mains. Ayant relevé la tête et voyant autour d'elle une foule sympathique et une centaine d'enfants, elle leur dit :

> « *Les enfants et chers amys, je vous signifie que l'on m'a vendue et trahie et que bientôt je serai livrée à la mort.*
>
> « *Aussi, je vous supplie de prier pour moi car je ne pourrai jamais plus servir le roy et le royaume de France !*[23] »

Ainsi, ce n'est pas sur elle qu'elle pleure. Ce qui seul importe à ses yeux : Dieu, le Roi et le Royaume de France !

Elle a dix huit ans ! Pauvre enfant, elle est sublime !

Et, peu après, c'est la malheureuse sortie de Compiègne où elle est faite prisonnière.

La nouvelle s'étant répandue dans le Royaume, de toutes parts des prières publiques s'élèvent vers le Ciel pour obtenir sa délivrance. Le clergé compose même des oraisons liturgiques ajoutées à la messe, du genre de celle-ci :

> « *Écoutez, Dieu tout-puissant, les prières de Vos peuples, brisez les fers de la Pucelle ; que Votre miséricorde lui donne d'accomplir le reste de sa mission.* »

Mais le reste de sa Mission : l'achèvement de la délivrance de la France, puis l'établissement du Règne de Jésus-Christ sur le monde, ne se pouvaient accomplir que par son martyre. C'est ce que Monseigneur Delassus appelle très justement sa *Mission posthume*.

---

23. — Abbé Vial, *Jeanne d'Arc et la Monarchie*, pages 270 et 271. D'après Alain Bouchard dans ses *Chroniques de Bretagne*, cité également par le Père Ayroles dans : *op. cit.*, t. III, p. 290.

C'est alors la prison de Rouen, le procès inique au cours duquel Jeanne souffre un martyre moral pire peut-être que l'autre, enfin le bûcher.

Comme le Christ elle est trahie, livrée à ses pires ennemis ; insultée, traînée devant un tribunal ecclésiastique irrégulier et sans pouvoir légitime. Pour tous deux pas d'avocats, pas de débats contradictoires : leurs juges sont leurs pires ennemis. Elle en appelle au Pape, mais son appel ne parvient pas jusqu'à lui ; l'épiscopat l'abandonne ou la trahit. Elle qui a sauvé l'Église et la France et n'a jamais fait qu'obéir à Dieu, elle est condamnée comme hérétique et schismatique ! Quelle douleur ne dut pas être la sienne de se voir si injustement persécutée, si odieusement condamnée ! C'est seulement après qu'elle eut consommé son sacrifice jusqu'au martyre, que la France fut sauvée, comme le monde le fut par la mort du Christ.

Le père Ayroles fait cet émouvant rapprochement entre les supplices de Jeanne et ceux du Christ :

> « *Au calvaire, un dernier outrage nous manifesta et nous ouvrit le Cœur de l'Homme-Dieu. Le cœur de la Pucelle fut ce qui fixa en dernier lieu l'attention des bourreaux et des spectateurs du calvaire de Rouen.*
> « *La flamme semblait avoir fait son œuvre. Les premiers tisons écartés ne laissaient voir que de la cendre et des os calcinés ; mais, ô merveille, sous cet amas fouillé, les viscères et le cœur paraissaient intacts. On rallume le foyer incandescent, et on cherche à en activer les ardeurs en y jetant de l'huile et du soufre. Inutiles efforts, le cœur résiste* [24]. »

Par ordre du conseil anglais, afin qu'aucune relique ne restât de l'héroïne, ce cœur fut jeté à la Seine tout chaud et battant encore…

> « *Le soldat qui avait ouvert le cœur du Sauveur au Calvaire, soudainement illuminé, confessa la divinité de celui auquel il avait fait un dernier outrage ; à la place du Vieux Marché, le bourreau, voyant le cœur de la Pucelle résister à tous ses efforts pour le réduire en cendres, courait au monastère des pères dominicains, demandant s'il y avait pardon pour lui au ciel, pour avoir été l'exécuteur du forfait qui venait de se commettre* [25]. »

---
24. — *Procès II*, page 7. Ayroles, *op. cit.* page 144.
25. — *Idem*.

Le Sacré-Cœur a affirmé qu'il régnerait malgré Ses ennemis. S'Il a permis le miracle qui a conservé intact le cœur de Jeanne, ne serait-ce pas parce que dans ses desseins éternels, il voudrait l'associer à Son triomphe ? Ce cœur sera-t-il un jour miraculeusement retrouvé ? Serait-il appelé à réveiller la Foi des Français et à les conduire avec l'aide de saint Michel une fois de plus à la victoire ? Dieu le destinerait-il à ouvrir ainsi les règnes des Saints Cœurs ?... Un éminent théologien, Monseigneur Delassus a écrit tout un volume sur *La Mission posthume de Jeanne d'Arc* et le Père Ayroles n'hésite pas à dire :

> « *Il est permis de penser que le ciel réserve à la Pucelle l'honneur de délivrer une seconde fois la France*[26]. »

Dernier signe de Dieu, confirmatif de toute sa Mission :

> « *Quand elle expira, au milieu des flammes, une blanche colombe s'échappa de ses lèvres et prit son vol vers la France... Le Saint Esprit manifesta ainsi avec éclat qu'Il habitait cette âme, l'inspirait et la guidait.*

Mais pourquoi tant de haine, tant d'acharnement contre la Pucelle ? Parce que tous les ennemis de la France et de nos rois voulurent atteindre en elle le principe divin de la royauté en France. Or pensèrent-ils, quoi de plus efficace pour discréditer ce principe que de faire condamner comme hérétique et sorcière celle qui d'ordre de Dieu était venue le sauver et le confirmer. Oui, vraiment, Jeanne d'Arc est la martyre par excellence du principe divin de la monarchie française et de la royauté universelle du Christ.

L'un des buts de cette étude ne serait pas atteint si elle ne cherchait pas à résoudre une grave question qui se pose au sujet de la Mission de notre Héroïne Nationale

> « *Du premier au treizième siècle (l'histoire constate) une marche ascendante de la civilisation chrétienne, du règne de Notre-Seigneur Jésus-Christ dans la société ; du XIVe au XXe siècle, de Jeanne d'Arc à la période actuelle, (à part de rares périodes) c'est un écroulement continu.* »

La mission de la pucelle aurait-elle donc été vaine ?

---

26. — Ayroles, p. XIII.

Dieu aurait-il parlé et agi sans raison par la Vierge guerrière ?

Le Moyen-Age était arrivé à une conception pleinement chrétienne de la société. Rois et peuples à l'exemple de saint Louis et de la France vivaient leur foi et harmonisaient tant bien que mal leurs actes avec cette foi. Ils croyaient, en toute vérité, que l'homme n'est sur la terre que pour gagner le Ciel ; que la vie doit donc être remplie de mérites et d'efforts continuels, de luttes incessantes pour mériter la vie éternelle ; que le travail est voulu et béni par Dieu. Les Rois pensaient justement que leur gouvernement devait être soumis au Créateur et tendre à faciliter à leurs sujets l'obtention du bonheur éternel, que les lois devaient donc être établies en harmonie avec les lois divines. Malgré toutes les faiblesses inhérentes à la nature humaine, vraiment — au moins dans le principe, sinon toujours dans l'application — le Christ était reconnu et était réellement Roi du monde chrétien et le monde chrétien était aussi heureux ici-bas qu'il pouvait raisonnablement l'être.

Or, la civilisation moderne issue de la Renaissance païenne, a renversé cette notion.

> *« Elle détourne du ciel le regard de l'homme et le fixe sur les biens terrestres, elle lui dit de s'en saturer autant qu'il peut lui être donné de le faire. »*

À ses yeux, le travail, l'effort doivent tendre à disparaître, car la vie doit être toute de jouissance et de félicité.

Opposition absolue, radicale au règne de Notre-Seigneur Jésus-Christ, qu'avait indiqué avec tant d'éclat notre Jeanne d'Arc.

> *« La Chrétienté, depuis la Renaissance, est soumise à l'épreuve qu'à subie le genre humain (avec Adam) ; qu'avait subie la nature angélique, au temps de la révolte de Lucifer et des anges déchus.*
>
> *« La tentation, sourde jusque là, se présenta ouvertement au XIVe siècle. Depuis six siècles, la tentation dure, se développe, et le conflit qu'elle a suscité se fait de plus en plus angoissant. L'homme baptisé veut secouer le joug du Christ, il veut ne relever que de lui-même, il déclare se suffire à lui-même. « Vous êtes comme des dieux !. » Le mot dit, au premier jour, par le tentateur, retentit de nos jours d'un bout à l'autre du monde. L'ivresse de l'indépendance s'est fait*

> *jour à la Renaissance, elle a éclaté dans les faits avec la Réforme, avec la Révolution et sa déclaration des droits de l'homme à l'encontre des droits de Dieu sur Ses créatures, des droits du Christ sur Ses rachetés, des droits du Pape sur les baptisés (des droits du Roi sur ses sujets) ; elle est devenue l'effort gigantesque qui secoue le monde depuis plus d'un siècle*[27]. »

Dans sa marche désastreuse, la civilisation moderne devait tout naturellement rencontrer l'opposition de l'Église et de la monarchie Française, du Pape et du Roi de France.

« *Au XVIe siècle, l'humanisme enfanta et lança (contre eux) la Réforme. Au XVIIIe siècle, c'est Dieu lui-même qu'il voulut écarter. Pour atteindre le plus grand bien temporel, désormais l'unique but de la vie, la civilisation moderne proclame nécessaires, d'abord l'indépendance de la raison vis à vis de la révélation ; puis l'indépendance de la société civile vis à vis de l'Église, et enfin l'indépendance de la morale vis à vis de la loi de Dieu. C'est là que nous en sommes* », écrit Monseigneur Delassus qui poursuit : « *Nos Rois résistèrent. Les protestants leurs firent la guerre. Pour séparer de sa Mère la Fille aînée de l'Église, ils usèrent alternativement de la ruse et de la force ; et ne pouvant entraîner nos princes dans leurs voies, ils s'efforcèrent de s'emparer du gouvernement. Dieu ne le permit point.* »

Alors ils firent alliance avec la Judéo-Maçonnerie dont, au dire de Léon XIII, le dessein suprême, est de ruiner de fond en comble toute la discipline religieuse et sociale née des institutions chrétiennes, et de lui en substituer une nouvelle façonnée à son idée et dont les principes fondamentaux et les lois sont empruntés au naturalisme.

> « *Lorsqu'en 1789*, écrit Monseigneur Delassus, *la Franc-maçonnerie fut parvenue à s'emparer du gouvernement son premier soin fut, après avoir promulgué la déclaration des droits de l'homme, de décréter la constitution civile du clergé.* »
> « *Le Roi Louis XVI y opposa son veto et y mit sa tête ; par là il sauva l'avenir*[28]. »

---

27. — Mgr. Delassus, *La Mission posthume de sainte Jeanne d'Arc*, page 341.
28. — Mgr. Delassus, *op. cit.* pages 338, 339, 340.

Le pape Pie VI a déclaré qu'en toute justice on pouvait le considérer comme martyr de la conception chrétienne de l'État dans son allocution consistoriale du 17 Juin 1793 sur la mort du roi. Conception chrétienne telle que l'avait exposée Jeanne d'Arc.

Le point d'aboutissement le voici :

L'un des fondateurs de la troisième république Jules Ferry, déclare :

> « *Notre idéal est d'organiser l'humanité sans Dieu.* »

Et Ferdinand Buisson ajoute :

> « *L'État sans Dieu, l'école sans Dieu, le tribunal sans Dieu, comme aussi la science et la morale sans Dieu, c'est la vraie conception d'une société humaine qui veut se fonder exclusivement sur la nature humaine, sur ses phénomènes et sur ses lois.* »

Actuellement, le monde en arrive au stade suprême de la guerre à Dieu et des temples élevés à Satan-Lucifer ; on nie Dieu, on déifie l'homme ; Satan est très réellement le roi du monde et l'Église elle-même est aujourd'hui infiltrée par le pouvoir occulte. Fatalement on aboutit au déchaînement des instincts les plus vils de la bête ; à l'asservissement du plus faible par le plus fort ; au communisme le plus abject.

Les plus grands esprits du siècle dernier s'accordent à dire :

> « *Le monde ne peut rester en cet état. Ou il touche à sa fin, dans la haine de Dieu et de son Christ, que l'antéchrist rendra générale et souverainement violente ; ou il est à la veille d'une des plus grandes miséricordes que Dieu ait jamais exercée sur le monde.* »

Très justement Monseigneur Delassus fait observer à ce sujet, et il nous ramène ainsi à la Pucelle .

> « *La parole de l'envoyée de Dieu ne devait-elle être qu'une vaine protestation contre ce qui allait se passer, contre l'humanisme naissant, et contre l'homme de nos jours secouant le joug du Christ, s'affranchissant de l'autorité divine, se faisant son maître et son Dieu ? Ou bien cette parole était-elle mise en réserve pour ne prendre vie et vigueur que de nos jours, après cinq siècles d'attente ? C'est la question que notre temps est appelé à résoudre.* »

La réponse à cette question ne peut faire doute.

Le plus grand théologien du XIXe siècle, le Cardinal Pie déclare.

> « Si les Saints n'apparaissent pas fortuitement sur la scène du monde, ce n'est pas, non plus, le hasard qui, après leur mort, détermine l'époque de leur glorification. Dans le ciel des élus, ainsi qu'au firmament visible, c'est sur un signal du Très-Haut, que les étoiles, longtemps cachées et comme endormies dans un coin reculé de l'espace, accourent en criant : « Nous voici ! » et qu'elles commencent de briller pour obéir à Celui qui les a faites...
>
> « Des rapports secrets et permanents ont été établis entre l'Église triomphante et l'Église militante, et quand Dieu nous destine à de nouveaux combats sur la terre, presque toujours Il nous montre de nouveaux alliés et de puissants défenseurs dans les cieux[29]. »

Si donc Dieu a attendu cinq siècles pour proclamer la gloire céleste de Jeanne d'Arc, c'est qu'il veut que la Pucelle soit un soleil éblouissant destiné à éclairer notre route, au milieu de la confusion générale des esprits et des doctrines, c'est que notre époque a plus besoin qu'aucune autre de sa protection et des principes qu'elle est venue affirmer d'ordre de Dieu ; que le péril n'a jamais été plus grand pour la Chrétienté.

Toutes les prédictions de la Vierge guerrière se sont réalisées jusqu'à ce jour. Or, elle a affirmé que, s'il plaisait à Dieu qu'elle meure « *avant ce pourquoi Dieu l'avait envoyée fut accompli, nonobstant sa mort, tout ce pourquoi elle était venue s'accomplirait.* » Et elle assurait que la Couronne de France durerait « *mille ans et plus.* »

Enfin, dans sa lettre à Bedford, au début de sa mission, elle écrivait :

> « *Si vous lui faictes raison, vous pourrez venir en sa compagnie où que les Français feront le plus bel effect que occques fut fait pour la Chrétienté..* »

Depuis lors, les circonstances n'ont pas encore permis l'accomplissement de ce fait prodigieux et capital pour la chrétienté tout entière. Donc la mission de la pucelle n'est pas achevée. Tous les théologiens qui ont étudié la question l'affirment et Monseigneur Delassus écrit :

---

29. — Cardinal Pie, *Panégyrique de Sainte Germaine de Pibrac*.

> « *On peut conjecturer que lorsque ce « plus bel faict viendra à se produire, cela aussi servira de signe pour rendre les peuples attentifs et dociles à la grande oeuvre que la Providence divine lui a dévolue, oeuvre incomparablement supérieure à celles qu'elle a accomplies sous les yeux de nos pères*[30]. »

Blanc de Saint-Bonnet cet admirable philosophe que le monde actuel aurait grand profit à étudier déclare :

> « *Depuis la fondation du christianisme, on ne voit pas de cataclysme semblable à celui qui nous menace* »

Et Joseph de Maistre écrit :

> « *La révolution étant complètement satanique, la contre révolution sera angélique, ou il n'y en aura point. Mais ceci n'est pas possible… Jamais la révolution ne sera éteinte que par son principe contraire…* »

Et le grand philosophe ajoutait :

> « *La réaction devant être égale à l'action, ne vous pressez pas et songez que la longueur même des maux vous annonce une contre révolution dont vous n'avez pas idée !* »

Les chefs de la révolution affirment la même chose ; l'un d'entre eux écrit, et sur ce point, nous sommes tout à fait d'accord avec lui :

> « *C'est en cela qu'éclate la bêtise des conservateurs de l'ordre actuel qui, se réclamant de 89, anathématisent et s'imaginent enrayer le mouvement qui emporte le prolétariat vers son émancipation matérielle. Le monde est placé entre l'achèvement de la révolution française et un retour pur et simple au christianisme du moyen-âge.* »

Or, quel meilleur antidote à toutes les erreurs, à toutes les révoltes actuelles que les principes affirmés par la Pucelle ? Le temps est donc arrivé de la *Mission Posthume* de Jeanne d'Arc.

Humainement tout est perdu pour l'Église, pour la Chrétienté comme pour la France ! Tout le paraît du moins !

Raison de plus pour avoir au cœur une invincible espérance que dis-je une radieuse certitude, puisque « *les portes de l'enfer ne prévaudront pas contre l'Église.* » C'est donc que c'est l'heure de Dieu.

---

30. — Mgr. Delassus, *op. cit.* page 373.

Parlant de la France, saint Pie X a déclaré et c'est bien le moment de se rappeler ces paroles prophétiques et de les méditer :

> *« Le peuple qui a fait alliance avec Dieu aux fonts baptismaux de Reims se repentira et retournera à sa première vocation… Les fautes ne resteront pas impunies, mais elle ne périra jamais la fille de tant de mérites, de tant de soupirs et de tant de larmes ; un jour viendra, et nous espérons qu'il n'est pas très éloigné, où la France, comme Saül sur le chemin de Damas, sera enveloppée d'une lumière céleste et entendra une voix qui lui répétera : « Ma fille, pourquoi me persécutes-tu ? » Et sur sa réponse : « Qui es-tu Seigneur ? » – « Je suis Jésus que tu persécutes. Il t'est dur de regimber contre l'aiguillon, parce que, dans ton obstination, tu te ruines toi-même. Et elle, tremblante et étonnée dira : « Seigneur que voulez-vous que je fasse ? » — Et Lui : « Lève-toi, Lave-toi des souillures qui t'ont défigurée, réveille dans ton sein les sentiments assoupis et le pacte de notre alliance, et va, fille aînée de l'Église, nation prédestinée, vase d'élection, va porter, comme par le passé, mon nom devant tous les peuples et devant les rois de la terre* [31]*. »*

Et le Saint Pape, lors de la béatification de Jeanne d'Arc n'hésita pas à affirmer solennellement et prophétiquement

> *« Je n'ai pas seulement l'espérance, j'ai la certitude du plein triomphe ! »*

Après une telle affirmation du plus grand et du plus saint Pape des temps modernes, de celui que Pie XII un autre saint contemporain a fait monter sur les autels, peut-on douter de l'avenir ? Rapprochez de cette affirmation et méditez les appels pathétiques de Pie XII en vue de promouvoir une ultime croisade parce qu'il connaissait l'imminence et l'immensité de la catastrophe qui menace le monde. Rappelons la directive que, dans son indicible amour pour la France, il donna à l'occasion du cinquième centenaire du procès de réhabilitation de Jeanne d'Arc qui coïncidait avec la restauration de la Cathédrale de Rouen :

> *« Catholiques Français… du sol généreux de ce jardin de l'Europe qu'est la France, germent les héros de la patrie et de la foi qui, par amour pour leur mère, si sa défense l'exige, savent batailler, souffrir et mourir dans la certitude que les lauriers du triomphe ne sauraient*

---
31 — Saint Pie X, le 29 novembre 1911.

jamais manquer à qui accepte de se sacrifier pour une cause grande et juste.

« *Et s'il peut sembler un moment que triomphent l'iniquité, le mensonge et la corruption, il vous suffira de faire silence quelques instants, et de lever les yeux au ciel pour imaginer les légions de Jeanne d'Arc qui reviennent, bannières déployées, pour sauver la patrie et sauver la foi*[32]. »

C'est le moment de rappeler que lors du bûcher de Rouen, le cœur de Jeanne d'Arc ne put jamais brûler et continuait de battre. Héraut de la libération du royaume de France et martyre du principe sacré et divin de la *Royauté en* France et de la royauté universelle du Christ le cœur de notre Jeanne d'Arc bat toujours plus que jamais et c'est lui qui va libérer le monde chrétien du joug tyrannique de Lucifer et assurer le triomphe du règne du Sacré-Cœur et de Sa divine mère par le rétablissement miraculeux du Roi de France et du Saint Pape annoncés et attendus.

DEBOUT ! HAUT LES CŒURS !

LES TEMPS SONT RÉVOLUS !

---

32. — *La Croix*, mardi 26 Juin 1956, page 3, colonne 6. Pie XII, lors de l'écroulement de la France, en 1940, et pour la réconforter avait déclaré : « *La France a partie liée avec le Christ qui n'a jamais été vaincu et ne le sera jamais.* »

21 février 1431, Jeanne répond à l'évêque qui exige un nouveau serment :

— *J'ai assez juré, vous devez être content !… Vous qui vous dites mon juge, prenez garde à ce que vous faites… Vous vous mettez en grand danger.*

Une autre fois :

— *Je vous en avertis. Si Notre-Seigneur vous punit, j'aurai fait mon devoir en vous prévenant.*

Quel pape selon vous est le bon ?

— *Est-ce qu'il y en a deux ?*

Les saintes dont elle parle et qui lui apparaissent haïssent-elles les Anglais ?

— *Elles aiment ce que Notre-Seigneur aime, haïssent ce qu'Il hait.*

Dieu hait-Il les Anglais ?

— *Ce que je sais, c'est qu'ils seront chassés de France, excepté ceux qui y mourront.*

Sainte Marguerite s'exprime-t-elle en anglais ?

— *Pourquoi parlerait-elle anglais puisqu'elle n'est pas du parti des Anglais ?*

Le vêtement masculin qu'elle porte ?

— *Donnez-moi un habit de femme. Je le prendrai si on me laisse partir.*

Ne s'est-elle pas trouvée présente en des combats où on a tué des Anglais ?

— *En nom Dieu, et comment j'y étais ? Comme vous parlez gentiment ! Mais aussi pourquoi s'obstinent-ils à rester en France au lieu de retourner dans leur pays ?*

Saint Michel était-il nu ?

— *Croyez-vous que le Bon Dieu n'ait pas de quoi l'habiller ?*

Êtes-vous sûre de ne pas être damnée ?

— *Je crois fermement que je serai sauvée, aussi fermement que si c'était fait.*

Vous ne pouvez donc pas faire de péché mortel ?

— *Je n'en sais rien : je mets ma confiance en Notre-Seigneur.*

Êtes-vous en état de grâce ?

— *Si je n'y suis Dieu veuille m'y mettre, et si j'y suis Dieu veuille m'y tenir !*

Frère Isambart de La Pierre conseille à Jeanne de se soumettre au concile général qui vient de se réunir à Bâle, « l'évêque, rapportera-t-il, me cria rudement :

— « *Taisez-vous, de par le diable !* »

Sur quoi, maître Manchon demanda s'il devait enregistrer la soumission de Jeanne au concile de Bâle. L'évêque, qui n'ignorait point que les Anglais contestaient ledit concile, répondit que non, ce n'était pas nécessaire. Alors Jeanne lui dit :

— « *Ah, vous écrivez bien ce qui est contre moi, mais vous ne voulez pas écrire ce qui est pour moi.* »

La dernière communion de Jeanne d'Arc

Charles Henri Michel, (1817~1905)

Le matin du mercredi 30 mai 1431, le long martyre de Jeanne va prendre fin. Une miniature des *Vigiles de Charles VII*, de Martial de Paris, en évoque l'atroce épilogue : le bourreau liant brutalement la Pucelle sur le bûcher qui la consumera tout entière çà l'exception, dit-on, de son cœur - du moins la légende l'affirme. Autour d'elle, les juges qui l'ont condamnée et, au premier plan, l'évêque Cauchon. Ce dernier, espérant entendre la « *Relapse* » renier ses « *voix* », voulut assister au supplice.

« *J'ai vu mourir Jeanne…* » par les témoins.

Martin Ladvenu :

Le jour de la mort de Jeanne, au matin, par la permission et l'ordre des juges et avant que la sentence ait été portée, j'ai entendu, Jeanne en confession, et je lui ai administré le corps du Christ, qu'elle a reçu humblement, très dévotement et avec beaucoup de larmes, comme je ne le saurais raconter.

Et depuis cette heure je ne l'ai pas quittée jusqu'au moment où elle rendit l'esprit ; et presque tous ceux qui étaient là pleuraient de pitié, et surtout l'évêque de Thérouanne (Louis de Luxembourg). Et je ne doute pas qu'elle ne soit morte catholiquement ; je voudrais en effet que mon âme soit où je crois qu'est l'âme de Jeanne.

Après la sentence, elle est descendue de la chaire dans laquelle elle avait écouté le sermon et a été conduite par le bourreau sans autre sentence de juge laïque au lieu où le bois était préparé pour la briller. Ce bois était sur un échafaud, et en dessous le bourreau mit le feu. Et quand Jeanne aperçut le feu, elle me dit de descendre et de lever la croix du Seigneur bien haut pour qu'elle puisse la voir, ce que je fis.

Jean Riquier :

Quand Jeanne vit mettre le feu au bois, elle commença à crier à haute voix : « Jésus ! Jésus ! » Et toujours jusqu'à sa mort, elle cria « Jésus ! » Et lorsqu'elle fut morte, comme les Anglais avaient peur qu'on ne dise qu'elle s'était évadée, ils dirent au bourreau de repousser un peu le feu en arrière pour que les assistants puissent la voir morte, afin qu'on ne dise pas qu'elle s'était évadée…

Jean Massieu :

J'ai entendu dire par Jean Fleury, clerc du bailli et greffier, que le bourreau lui avait rapporté qu'une fois le corps brillé au feu et réduit en cendres, son cœur était demeuré intact et plein de sang. Et il lui fut dit de réunir les cendres et de les jeter dans la Seine ; ce qu'il fit.

AU BUCHER DE JEANNE D'ARC
La France, victime renaissante en son patriotisme national
Rouen 1431 — Paris 1909

« A cette époque où tant d'ennemis du nom chrétien se targuent de fonder l'amour de la patrie sur les ruines civiles ou religieuses, il nous plaît de célébrer les glorieux exemples de l'héroïne vierge, afin qu'ils se rappellent qu'agir et souffrir avec courage est le propre du chrétien. »
PIE X P.P.

EGALEMENT DISPONIBLE

- *La Vierge Marie dans l'histoire de France*
  ISBN : 9798885671804

- *La mission divine de la France*
  ISBN : 9781637906026

- *Le caractère sacré & divin de la royauté en France*
  ISBN : 9798885671811

- *Jeanne d'Arc la pucelle*
  ISBN : 9798885671798

- *Marie-Julie Jahenny :* la stigmatisée bretonne
  ISBN : 9781648582240

- Lucifer et le pouvoir occulte
  ISBN : 9781637906002

- Ascendances davidiques des Rois de France
  ISBN : 9798885671828

ISBN : 9798885671798

21 janvier 2022